심장이 뛴다

심장이 뛴다

지은이 · 정수영
초판 발행 · 2014. 10. 20
12쇄 발행 | 2020. 1. 28
등록번호 · 제3-203호
등록된 곳 · 서울특별시 용산구 서빙고로 65길 38
발행처 · 사단법인 두란노서원
영업부 · 2078-3333　FAX 080-749-3705
출판부 · 2078-3331

책 값은 뒤표지에 있습니다.
ISBN 978-89-531-2101-0 03230

편집부에서 독자의 의견을 기다립니다.
tpress@duranno.com　http://www.Duranno.com

가슴으로 듣는
하나님의 음성

심장이 뛴다

정수영 지음

저자는 기도하며 수술하는 세계적인 심장 전문의다. 저자는 깊은 신앙과 탁월한 재능을 겸비한 하나님의 사람이다. 축복을 사명으로 알아 의술을 통해 선교하는 의사다.

이 책은 고난으로 시작했던 그의 생애가 하나님의 손길을 통해 얼마나 아름다운 생애로 변화되었는가를 보여 준다. 일터의 영성을 배우기 원하는 분들에게 이 책을 추천한다. 하나님이 주신 재능을 통해 하나님께 영광을 돌리기 원하는 분들에게 이 책을 추천한다.

강준민_L.A. 새생명비전교회 담임목사

나는 지난 20년간 수많은 동역자들을 만났는데, 그중 의사들이 많다. 정수영 박사와는 KAMHC(미주한인의료선교협회) 대회의 강사로 초청받았을 때 처음 만났다. 그는 역시 심장을 다루는 의사답게 어느 누구보다 그리스도를 향한 열정이 뜨거운 사람이었다. 그와 만나 대화를 나누다 보면 내가 품은 비전이 거의 폭발 직전까지 부풀어 오르곤 했다. 그도 그럴 것이 나의 별명은 '활화산'이다. 뜨거운 열정과 활화산이 만났으니, 우리가 만나면 하나님의 사랑과 그리스도의 십자가 능력, 구원을 위한 비전과 전략들이 쏟아져 나왔다. 우리가 헤어질 때면 헌신에 대한 다짐으로 인사말을 대신했다.

정 박사는 심장외과 의사로서 미국에서는 손에 꼽히는 실력자로 인정받고 있다. 플로리다 주 〈소비자 리포트〉에 의하면 그가 리드하는 팀이 가장 실력 있는 팀 중 하나다. 중국과 북한 등에서도 최고로 인정받는 의사로서 그가 리드하는 팀이 한 수술은 생존율이 높게 기록된다.

그는 '인간 재봉틀'(Human Sewing machine)로 알려졌다. 특히 시간을 다투는 심장수술에서 그의 봉합기술은 거의 신기에 가까워서 붙은 별명이다.

그는 또 수술 전에 기도하는 것으로도 유명하다. 중국 난징 병원의 심장외과 의사들은 플로리다 그의 집에서 기숙하며 세례를 받았거나 그의 가르침을 받은 크리스천들이다. 그는 선교지에 나가서 단지 심장수술만 하고 돌아오는 것이 아니라 현지 의사들을 플로리다 오칼라 병원에 초청해 직접 심장수술을 훈련시켜 외국에 의존하지 않고 스스로 독립할 수 있도록 돕는다. 더구나 현지 의사들이 플로리다에 오면 대개 3개월가량 머무는데 그의 집에서 지낸다. 이때 그는 저녁마다 현지 의사들과 성경공부를 하여 그들이 돌아갈 즈음에는 예수님을 영접하고 세례까지 받도록 한다. 지금은 그가 난징 병원에 갈 때면 중국인 스태프들과 같이 성경공부를 하고 수술 환자를 위한 기도 모임을 갖는다.

정 박사는 그리스도를 닮은 예수님의 진정한 제자다. 그의 실력과 업적만 보면 그가 설사 교만해도 할 말이 없을 정도다. 그러나 그는 예수님을 닮은 제자답게 오히려 겸허하게 섬기는 사람이다. 그는 젊은 대학생들을 양육하여 그리스도의 제자로 만드는 일에 누구보다 심장이 뜨거운 사람이다. 미래의 기독교를 책임질 리더들이 그의 손을 거쳐 길러지고 있다. 그의 세 자녀 역시 예수님의 제자로서 미국의 주류 사회에서 활동하고 있다. 나도 차세대 리더를 기르는 일에 헌신하고 있지만 그는 정말이지 존경스럽고 자랑스러운 그리스도의 대사다.

이 책은 어떻게 해야 참다운 크리스천으로 살 것인지를 고민하는 모든 이들에게 필요한 책이다. 나는 그가 이 책을 집필하기 시작할 때부터 피 끓는 심장으로 써 내려간 원고를 먼저 읽었다. 얼마나 울었는지 모른다. 감격해서 울고 그의 인생에 도전받아서 울고 감사해서 울고 또 울었다. 이 책은 내 삶에 큰 도전이 되었을 뿐 아니라 변화를 이끈 동력이 되었다.

김춘근_JAMA 설립자 · 이사장, GLDI 대표

정수영 박사는 의료 선교계에서 피터 정으로 널리 알려져 있습니다. 북한을 비롯해 중국과 몽골까지 그의 사랑의 손길이 미치지 않은 곳이 없습니다. 특히 소중한 생명 장기인 심장을 다루는 심장외과 의사로서 수많은 개심술을 직접 집도하여 목숨을 살려 냈을 뿐 아니라, 선교지의 의사들을 불러와 의학과 신앙을 전수하고 주님의 제자로 양육하는 선교사입니다.

심장이 누구의 명령을 받고 있는지는 아직도 베일에 싸여 있습니다. 뇌의 명령을 받는 줄 알았지만 뇌사 상태에서도 심장은 얼마든지 뛰기 때문입니다. 그렇지만 우리는 알고 있습니다. 심장은 하나님이 뛰라고 하실 때부터 뛰기 시작하여 멈추라고 하실 때까지 쉼 없이 뛸 것을요. 이 책을 읽으면 선교지의 한 생명을 부둥켜안고 뛰어 다니는 피터 정의 심장 고동 소리를 들을 수 있습니다. 나아가 우리를 껴안으시는 하나님의 강렬한 심장 박동을 느낄 수 있습니다.

박상은_ 샘병원 의료원장, 아프리카미래재단 대표

정수영 박사의 인생을 조망하면서 저는 한 사람을 변화시키고 훈련시켜 제자로 세워 가는 하나님의 손길을 다시 한 번 확인할 수 있었습니다. 뛰어난 외과의지만 겸손하게 말씀으로 훈련받는 모습에서 정 박사의 삶은 청년 세대에 귀한 모범으로 손색이 없다고 감히 말씀드리고 싶습니다. 본서의 독자들, 특히 청년 독자들이 자신에게 주신 재능과 비전을 어떻게 하나님 나라를 위해 펼칠 수 있을지 도전받기를 기대하며 이 책을 권합니다.

송태근_ 삼일교회 담임목사

삶의 치열한 현장에서 탁월한 전문성을 가지고 가장 낮아진 모습으로 하나님과 이웃을 섬기고, 하나님 나라를 이 땅에 확산시키기 위해 온 몸을 던져 헌신하는 크리스천은 그리 많지 않습니다. 이 같은 섬김의 영성으로 무장한 크리스천을 만나게 되면 큰 감동과 믿음의 도전을 받습니다. 심장외과 전문의이신 정수영 박사는 바로 그와 같은 크리스천입니다.

하나님의 나라와 그리스도의 복음을 위해 헌신하는 일꾼으로 살아가기 원하는 많은 청년들이 이 책을 통해 큰 용기와 소망을 얻을 수 있기를 간절히 소원합니다.

이영훈_ 여의도순복음교회 담임목사

목회자로서 복음의 빛이 삶의 현장에서 밝히 드러나는 신앙의 모델이 되는 분을 만나는 것은 큰 기쁨이자 도전입니다. 심장외과 전문의로서 믿음의 삶을 살아가는 정수영 박사의 생생한 간증이 살아 있는 이 책은 복음의 빚진 자로 살아가는 모든 성도들의 심장을 뛰게 할 것입니다.

이재훈_ 온누리교회 담임목사

하나님의 충성된 종으로 살아가는 정수영 박사의 간증을 읽는 내내 크리스천의 삶이 어떠해야 하는가를 안내하는 일종의 교본을 접하는 느낌이 들었습니다.

그는 말씀, 기도, 전도훈련을 통해 훈련시키시는 하나님을 믿으며 하나님께 순종하는 삶을 살아가는 신앙인으로서의 모습을 보여 주었습니다. 또한 하나님 안에서 소명을 가지고 허락하신 능력을 값지게 발휘해 나가는 훌륭한 심장외과 의사로서의 삶을 볼 수 있습니다. 북한을 비롯하여 중국, 몽골 등 주님이 허락하시면 어느 곳이든 뛰어가는 정수영 박사야 말로 우리가 본받고 살아야 할 믿음의 선배이자 신실한 주님의 도구라는 생각을 합니다.

이 책을 통하여 크리스천으로서의 삶과 사회 속에 살아가는 삶의 괴리로 인해 고민하는 모든 크리스천들이 일상생활에서 어떻게 하나님과 동행하는 삶을 살아갈 수 있는지에 대하여 깊이 깨닫기를 소망합니다.

정남식_ 연세의료원장

저는 지난 20여 년간 저자의 삶을 지켜보았습니다. 그러면서 제 나름대로 내린 결론은, 그는 쇠퇴해 가는 한국 기독교가 어떻게 변해야 하는지를 보여 주는 살아 있는 메시지라는 것입니다.

저자의 신앙은 죄에 대한 철저한 인식과 삶의 방향을 완전히 바꾸는 분명한 회개로부터 출발했습니다. 그리고 그의 신앙생활을 이끈 것은 매일 말씀 앞에 서는 큐티였습니다. 하지 않으면 불편하기 때문에 얼른 해치우는 단순한 과제로 큐티를 한 게 아니었습니다. 그에게 큐티는 거룩하신 하나님, 천지를 창조하신 하나님 앞에 서는 거룩하고 경건한 독대의 시간이었습니다. 그는 이렇게 정직하고 진실하게 하나님을 만난 뒤 온전히 기쁨으로 하나님과 동행하는 하루하루를 살아갑니다.

그의 섬김과 사역은 살아 있는 신앙의 본질을 보여 줍니다. 한 사람을 참으로 귀하게 여기고 그 사람의 형편과 처지로 내려가 진실한 마음으로 그의 이야기에 귀 기울입니다.

1년의 여러 달을 선교지 의사들을 집으로 초청해 낮에는 병원에서 의술로, 밤에는 성경공부를 통해 복음을 전하고 양육을 합니다. 사모님은 늘 상냥하고 겸손한 모습으로 남편이 초대한 손님을 위해 음식을 만들고 극진하게 대접합니다. 참으로 아름다운 가정입니다. 온 가족이 함께 큐티를 나누는가 하면 선교지에도 함께 갑니다. 그는 존경받는 남편이고 본이 되는 아버지이며 인자하고 사랑 많은 사역자입니다.

그의 아름다운 삶이 담긴 이 책을 신앙의 본질을 회복하여 정말 크리스천답게 살고 싶은 모든 분께 적극 추천합니다.

최주희_ 세계선교훈련원 상담교수

아들이 대학생이었을 때 니카라과로 의료 선교를 떠나기 전에 우리 집에 친구 7명을 데려왔다. 아들이 리더로 있는 성경공부 모임 친구들이었다. 그들이 우리 집에 머무는 주말 이틀 동안 나는 여섯 차례에 걸쳐 강의를 해주었다.

"아빠, 나는 아빠가 그런 지난날을 보내셨는지 몰랐어요."

내심 감명을 받았다는 듯이 아들이 내게 말했다. 가정예배도 드리고 믿음으로 사는 모범을 보이려 노력은 했으나 하나님이 내 삶에서 이룩하신 일들을 자녀들과 일일이 나누지는 못했다. 지금은 사회인이 되어 뿔뿔이 흩어져 생활하다 보니 더 나눌 시간이 없다. 긴 시간 함께할 수 없는 자녀들에게 내가 경험한 값진 믿음의 흔적을 전해 주고 싶다.

또 오래전부터 젊은 청년과 대학생들에게, 혹은 교회 집회에서 하나님이 내게 하신 말씀들을 나눌 때면 많은 사람들이 그 내용을 책으로 냈으면 좋겠다고 했다. 특별할 것 없는 인생이지만 혹시 나를 사용하신 하나님의 일을 증거하는 데 도움이 된다면 그도 의미 있겠다는 생각이 들어 그동안 나를 이끌어 주신 하나님을 의지하며 글을 정리하기 시작했다.

　내세울 것 하나 없는 대구 근교 시골에서 태어나 대학 진학을 앞두고 무작정 서울행을 결심했듯이 대학 졸업을 앞두고 미국행을 결심해 시작된 미국 생활. 의사면허증 하나 달랑 들고 시작된 미국 생활이 여기까지 올 수 있었던 것은 전적으로 하나님의 은혜였다.

　미국행 비행기에 올랐을 때만 해도 세상을 다 얻은 것처럼 자신만만했던 내가 낯선 땅에서 기가 죽어 절망적으로 헤매고 있을 때 하나님이 찾아오셨다. 그날 이후 하나님은 내 인생에서 수많은 역사를 써 내려가셨다. 나를 통해 일하신 하나님을 모두 담아내기에는 책 한 권이란 너무나도 부족하다.

그래서였을까. 나는 글을 쓰다 중간에 펜을 꺾은 적이 있다. 이것이 하나님이 아니라 내 자랑이 될까 두려웠고, 구태여 글을 써서 속살을 드러내는 것도 두려웠다. 하나님이 주신 확신을 가지고 다시 쓰기까지 2년이나 걸렸다.

미국에 와 오래 살다 보니 영어도 잘 못하고 한글도 잘 못 쓰는 처지가 되었지만 이 글을 쓰는 동안 내내 행복했다. 하나님께서 나 같은 자에게 베푸신 한량없는 은혜를 되돌아보며 다시 한 번 감격하는 시간이었다.

오랫동안 우리를 영적으로 인도해 주시고 친구가 되어 주신 대전침례신학교의 이현모 목사님과 최주희 사모님의 조언과 격려가 없었다면 이 책은 결코 출간될 수 없었을 것이다.

이 책을 출간할 수 있도록 도와주신 두란노 식구들에게도 감사드린다.

아내는 내가 하나님의 일을 할 때 단 한 번도 반대한 적이 없다. 항상 든든한 지원자로, 동역자로 내 일을 함께해 줬다. 내 생애 가장 큰 선물인 아내의 격려와 조언 덕에 이 책이 완성되었다. 사랑하는 동역자인 내 아내와 세 자녀 진아, 진오, 진걸에게 이 책을 선물할 수 있어서 기쁘고 감사하다.

　내게 생명을 주시고 언제나 사랑으로 말씀해 주시는 하나님께 감사드린다.

2014년 플로리다에서

정수영

contents

Part 2

마침내
멈추지 않는
심장을 달다

Part 3

심장이 뛰는 곳으로
달려가라

PART 1

하나님의 음성은
멈춘 심장도 뛰게 한다

"태초에 하나님이 천지를 창조하시니라"
(창세기 1:1).

a heart beats ...

CHAPTER 1

가슴으로 들은
하나님의 말씀

하나님은 우리가 먼저 그분의 음성에
귀 기울이는 자녀이기를 원하신다.

어느 날 이침에 일어난 일

대부분의 대학 동기들이 고국에 남아 수련의 과정을 밟고 있을 때 나는 3년간의 군대 복무를 마치고 미국으로 왔다. 청운의 꿈이랄까! 이제 내 인생의 실마리를 잡았으니, 미국에서 한 5년 수련 과정을 잘 마친 뒤 모교로 돌아가서 교수가 되리라는 꿈에 부풀었다. 뉴욕에서 시작한 일반외과 수련을 마치고 텍사스 심장센터의 혈관외과 수련을 받으러 휴스턴으로 갔다. 그때만 해도 나는 내가 그린 미래에 한 발 더 가까이 다가간 것 같아서 마냥 들떴다. 그런데 언제부터인가 고국으로 돌아갈 희망이 점점 멀어져 가고 있었다.

뉴욕에서 일반외과 수련을 받고 있을 때 샌프란시스코에서 열린 학회에 참석했다가 모교의 과장 선생님을 만났다. 그의 권유로 혈관외과 훈련을 받으러 텍사스 심장센터로 온 것인데, 그 사이 모교의 과장 선생님이 바뀌는 바람에 고국으로 돌아갈 길이 막막해지기 시작한 것이다. 하루 빨리 이 외로운 미국 생활을 청산하기를 손꼽던 나로선 받아들이기 힘든 일이었다. 영어도 겨우 먹고사는 데 지장이 없을 정도만 배운 터였다.

고국의 사회적인 이슈들에 감 놔라 배 놔라 메아리도 없는 훈수를 두며 분노하고 감격하던 나였다. 심지어 고국의 고추 값, 배추 값까지 꿰차고 있을 만큼 나는 내가 떠나온 고향에 관심이 많았고 돌아갈 날만 기다리고 있었다. 그런데 그토록 그리운 고향에 돌아갈 수 없다니, 밤에 잠을 이루기 어려울 만큼 낙심되었다. "한 번 엽전은 평생 엽전"이란 말처럼, 나는 한국에서 30년을 살면서 입맛도, 생각도 굳을 대로 굳어진 영락없는 한국 사람이었다. 미국인으로 살기엔 너무 거리가 먼 사람이었다.

그리고 또 한 가지 급박한 현실적인 문제가 있었다. 뉴욕에서 수련 과정을 밟을 때만 해도 내가 받은 월급으로 어머니와 아이들 셋까지 우리 여섯 식구가 살기에 크게 부족하지 않았다. 하지만 휴스턴에선 사정이 달랐다. 뉴욕을 떠날 때 교회에서 건축을 한다기에 우리 여섯 식구의 몇 달치 생활비에 해당하는 거금(?)을 헌금했다. 뉴욕의 병원에서 보낸 마지막 월급까지 싹싹 긁어 헌금을 했다. 당연히 통장 잔고는 바닥나 버렸다. 더구나 휴스턴에선 월급이 절반으로 줄었다. 세계적으로 명망 있는 심장센터에서 훈련을 받는 만큼 보수가 적었던 것이다.

그렇게 시작한 휴스턴 생활은 금방 금전적으로 바닥이 나서 집세를 못 낼 만큼 형편이 어려워졌다. 아내는 전기 요금을 아끼려고 휴스턴의 더운 날씨를 피해 아이들과 함께 도서관으로 피서 갔다가 내가 퇴근할 때쯤 집으로 돌아왔다. 나는 주머니를 뒤져 동전을 모아 자동차 기름을 넣어 출근해야 할 때도 있었다. 부흥집회에서는 "하나님께 바치면 하나님은 열 배 백 배로 갚아 주신다"는 설교를 듣곤 했지만 하나님은 내가 낸 건축헌금을 오랫동안 돌려주시지 않았다.

학회에 참석하기 위해 뉴욕에 간 어느 날이었다. 저녁에 호텔 식당에 앉아 햄버거를 시켜 놓고 밖을 내다보는데 진눈깨비가 사방으로 흩어지는 것이 꼭 갈피를 못 잡는 내 마음 같았다. 아내와 아이들의 얼굴이 스쳐 지나가는데, 문득 내 인생이 실패를 향해 가고 있는 건 아닐까 하는 생각을 지울 수가 없었다. 미국에 온 지 8년이 지났건만 이렇다 할 명함 한 장도 없고, 돈도 없고… 나는 도대체 이 낯선 땅에서 무엇을 하고 있는 걸까?

고난이란 참 주관적인 것이다. 사람들은 어쩌면 당시 내가 당한 어려움을 고난이라고 보지 않을지도 모른다. 하지만 사람마다 정의하는 고난이 다르고 그 고난을 대하는 자세도 다른 것을 본다. 돈도 가졌고 명성도 가졌고 심지어 미모까지 가진 어느 연예인이 자살하는 것을 두고 사람마다 반응하는 온도가 다른 것을 본다. 그런데 겉으로 드러난 '가진 것'과 상관없이 그 사람의 내면세계는 그가 마주한 현실을 희망으로 받아들이기도 하고 절망으로 받아들이기도 한다. 그래서 겉보기엔 다 가진 듯해도 만족하지 않을 수 있는 것이다.

당시 나는 내가 처한 상황이 절망적이라고 생각했다. 그렇게 절망적인 상황에서 내가 의지할 수 있는 것은 하나님 한 분뿐이었다. 그런데 그분은 내게서 너무 멀리 떨어져 있는 것 같았다. 나는 어느 날 문득 이런 생각을 하는 나를 발견하고 소스라치게 놀랐다.

'하나님은 정말 살아 계실까? 하나님이 살아 계심을 이 순간 확인할 수만 있다면 이 따위 어려움쯤이야 이길 수 있을 것 같다.'

1979년 9월 어느 날 아내의 친구 집에 갔다가 기적적으로 주님을 만난 뒤 지금까지 여러 가지 영적 체험을 하며 살아온 나의 믿음은 도대체 무엇인가? 어려운 길을 걸을 때 진짜와 가짜가 가려진다던데 나는 과연 진짜인가? 어처구니없는 질문이 꼬리에 꼬리를 물었다. 나는 그때까지 실제적이며 개인적이고 구체적인 하나님과 만나며 살았다고 생각했다. 그런데 내 삶의 어려운 과제를 만난 지금 하나님은 왜 이렇게 멀리 계시는가? 주님이 살아 계셔서 내게 생명을 주신 사실을 다시 한 번 확인할 수만 있다면 내가 처한 이 모든 상황을 이길 수 있을텐데…. 이 것이 그 순간 내가 가진 유일한 소망 같았다.

이스라엘 민족이 애굽에서 하나님께서 행하신 그 모든 기적을 목격하고도, 홍해를 갈라 구원하신 역사를 눈으로 직접 보고도, 시내 산에 도착하자마자 믿음에서 떠나 금송아지를 만든 것처럼 나는 하나님을 의심하고 있었다. 이스라엘 백성은 어떻게 그렇게 쉽게 하나님의 은혜를 잊을 수 있을까 했더니 내가 지금 꼭 그 꼴이지 않은가!

> "거기서 백성이 목이 말라 물을 찾으매 그들이 모세에게 대하여 원망하여 이르되… 그들이 여호와를 시험하여 이르기를 여호와께서 우리 중에 계신가 안 계신가 하였음이더라"(출 17:3, 7).

"의인은 믿음으로 말미암아 살리라"(히 10:38) 했지만 나의 믿음으로는 이 난관을 제대로 해석해 낼 수가 없었다.

뉴욕에서 돌아온 뒤 곧바로 청년들과 함께 주말 수양회에 가게 되었다. 1박 2일간의 일정에서 마지막 날 저녁 집회를 마치고 나서였다. 모두 합심기도를 하고 있는데 강사로 오신 목사님이 내 귀에다 "출애굽기 33장" 하고 지나가셨다. 수양회에서 돌아오자 나는 성경을 폈다.

> "너희를 젖과 꿀이 흐르는 땅에 이르게 하려니와 나는 너희와 함께 올

라가지 아니하리니"(출 33:3).

모세가 시내 산에 올라 하나님과 대면하는 사이 이스라엘 백성이 금송아지를 만든 것을 두고 하나님이 진노하며 하신 말씀이다. 그러자 모세는 이스라엘 백성의 중보자로서 다시 한 번 은총 주실 것을 하나님께 간구한다.

"나와 주의 백성이 주의 목전에 은총 입은 줄을 무엇으로 알리이까 주께서 우리와 함께 행하심으로 나와 주의 백성을 천하 만민 중에 구별하심이 아니니이까"(출 33:16).

그러면서 모세는 "주의 영광을 내게 보이소서"라고 간구한다. 모세의 이 기도는 나의 기도와 같은 것이었다. 지난날 여러 영적 체험을 했음에도 불구하고 나는 오늘 다시 한 번 '주의 영광'을 보기를 원했다. 하나님은 모세를 바위 뒤에 숨긴 뒤 지나가시며 당신의 영광스러운 뒷모습을 보여 주셨다.

내 사정을 전혀 알 리 없는 목사님이 이 말씀을 내게 주신 것은 하나님께서 내게 모종의 계시를 주실 증거라고 믿고 기대하기 시작했다. 아침저녁으로 혹은 잠잘 때라도 하나님의 특별한 임재가 있지 않을까 기도하며 기다렸다. 하지만 한 달이 지나도록 아무 일도 일어나지 않았다.

기대가 실망으로 바뀌고 마침내 머리에서 잊혀져 갈 즈음, 문득 '하나님의 영광을 보려면 성경으로 돌아가야 하지 않을까!' 하는 생각이 들었다. 그동안 성경을 여기저기 읽기는 했어도 처음부터 끝까지 통독한 적은 없으므로 이 참에 작정하고 통독하자 싶었다.

하지만 마음은 그리 먹었어도 새벽에 일어나기 힘들어 차일피일 미루다가 하루는 새벽 5시에 일어났다. 눈꺼풀이 한없이 무거웠으나 일어나자마자 샤워기를 틀어 놓고 몸을 던졌다. 마침내 책상에 앉아 하얀 종이 한 장을 꺼내 반으로 접었다. 한쪽 면에는 성경을 쓰고 다른 쪽 면에는 그날 내가 깨달은 내용을 메모하기 위해서였다. 이왕 통독하는 거 직접 필사하기로 한 것이다. 창세기 1장 1절을 썼다. 이 구절은 내가 하나님을 알기 전부터 잘 알던 구절이었다.

"태초에 하나님께서 천지를 창조하시니라"(창 1:1).

단지 한 구절을 썼을 뿐인데 내 마음 깊은 곳에서 한 음성이 들리기 시작했다.

"내 아들아, 나는 천지를 지은 하나님이야. 내가 여기 이렇게 있지 않니?"

갑자기 형용할 수 없는 평안이 내 온 영혼을 감싸기 시작했다. 사랑과 연민과 질책과 용서… 그 순간 내가 가질 수 있는 모든 감정에 대한 대답과도 같은 하나님의 임재하심을 느꼈다. 나는 의자에서 내려와 무릎을 꿇고 그동안 참았던 감정을 폭발하고 말았다. 그러고 한참을 있는데 다시 말씀하셨다.

"네가 그동안 나를 위한답시고 이런 저런 일들을 했지만 나는 네가 먼저 내 음성을 잘 들을 수 있는 아들이 되었으면 좋겠다."

그 순간, 지난 몇 달 동안 가난한 생활에다 앞길이 불분명해지자 하나님이 과연 살아 계신가를 의심했던 내 자신이 너무나 부끄러웠다. 수없이 들어서 너무나 잘 아는 이 말씀을 하얀 종이에 옮겨 적고 새삼 놀랍고 두렵고 경이로워서 한참을 엎드려 울었다. 하나님은 나를 나무라시고, 타이르시고, 위로하시며 깊은 사랑으로 내게 말씀하셨다. 깊은 회개와 감사와 찬송으로, 오래 오래 하나님 앞에 엎드려 있고만 싶었다.

병원으로 출근을 하는데도 눈물이 앞을 가려 운전을 제대로 할 수가 없었다. 너무 멀리 계셔서 하나님이 과연 살아 계실까, 하던 의심이 한순간에 사라졌다. 이렇게 가까이에서 확실하게 내 마음 깊은 곳을 흔들며 말씀하시지 않는가!

그날 이후 나는 변했다. 아침에 일어나 성경책을 펴고 한 구절만 적어도 하나님은 내 가슴을 채우셨다. 창세기는 이야기책 같았는데 이 모든 말씀이 살아 계신 하나님의 음성이었다. 아침이면 하나님과 만날 기대로 설레었고, 그러자 마음의 치유와 영적인 회복이 일어나기 시작했다.

"여호와 하나님이 아담을 부르시며 그에게 이르시되 네가 어디 있느냐"(창 3:9).

하나님은 내게 "네가 어디 있느냐"고 물으셨다.
"지금 휴스턴에서 심장외과 수련 중입니다."
"네가 어디 있느냐?"
"고국에 돌아갈 수 없어서 잠시 걱정하고 절망했는데 이제 괜찮아졌습니다."
"네가 어디 있느냐고?"
"이렇게 가까이 계신 줄 몰랐습니다. 내 앞날의 모든 것을 주님께 맡기겠습니다."
하나님은 내가 하나님의 음성을 듣기를 바라는 것보다 더 많이 내게 말씀하기를 원하셨다. 티끌과도 같은 인생과 대화하기를 원하시는 하나님의 마음을 나는 그제야 비로소 이해하기 시작했다. 나는 하루하루 성경 말씀을 통해 이렇게 실제적이고, 구체적이고, 개인적으로 하나님을 알아 가기 시작했다.

나의 참혹한 내면

"여호와께서 사람의 죄악이 세상에 가득함과 그의 마음으로 생각하는 모든 계획이 항상 악할 뿐임을 보시고 땅 위에 사람 지으셨음을 한탄하사 마음에 근심하시고"(창 6:5~6).

"마음에 근심하시고"를 영어성경은 "his heart was filled with pain"(마음이 아픔으로 가득하고)이라고 번역하고 있다. 나는 이 말씀을 묵상하는 아침에 비로소 내가 얼마나 하나님 앞에서 용서받을 수 없는 죄인인가를 알았다. 하나님은 내가 하나님을 만나기 전에 했던 모든 행동과 말들뿐만 아니라 하나님을 만나고 나서도 세상의 정욕에 나를 맡기던 수많은 일들을 말씀하셨다. 나의 죄 때문에 하나님의 마음이 아픔으로 가득하셨단다! 그때까지 나는 내 죄가 얼마나 심각한지를 깨닫지 못했다.

흔히 "당신은 죄인입니다" 하면 나는 '그래, 나는 죄인이야. 하나님 앞에서 죄인이지. 하지만 사람들 앞에서는 그다지 나쁜 죄인은 아니야. 살인하지도 않았고 도둑질하지도 않았고…. 그래도 내가 구원받은 것은 내 속에 무언가 선한 것이 있어서일 거야'라고 생각했다. 그런데 그날 아침 하나님은 내 속의 깊은 곳을 들여다보이시며 내 죄의 실상을 보여 주셨다. 잊었거나 인지조차 하지 못하던 지난날의 죄가 다 생각났다. 그러자 나는 실로 마음이 아팠다.

'사랑은 아픔과 동의어구나. 하나님은 인간에 대한 사랑을 아픔으로 표현하셨구나.'

그제야 나는 내가 아내를 만나 사랑이 깊어질수록 내 마음이 아팠던 근원이 하나님의 사랑에 있었다는 것을 깨달았다.

'끝없이 내 속에서 솟아나는 나 자신에 대한 믿음은 도대체 어디서 오는 것일까?'

십자가에 못 박았다고 생각하고 돌아서면 다시 살아나는 이 죄는 하나님의 사랑을 볼 수 없게 하는 근원이다. 세상은 날마다 "너는 가치 있는 존재야, 너는 무엇이든지 할 수 있어, 너 자신에 충실해(Be yourself)" 라고 외친다. 그러나 하나님 나라의 비밀은 그 반대. 나를 부인하면 부인할수록, 나를 버리면 버릴수록, 나는 하나님 앞에서 가치 있는 존재로 부활할 수 있고 그만큼 자유로워진다.

예전에 나는 주님이 내 죄를 대속하기 위해 십자가를 지셨다는 말씀을 듣고도 도대체 내가 그 무슨 끔찍한 죄를 지었단 말인가 했다. 그러나 그날 나는 주님이 그토록 고통스런 십자가를 질 수밖에 없을 만큼 내 죄가 심각하다는 것을 깨달았다. 예전에 나는 내 죄를 탕감받은 값이 얼마인지를 알지 못했다. 어느 날 저녁 에어컨이 돌아가는 거실의 안락한 의자에서 예수님을 소개받고 주님의 자녀가 되어서인지, 나는 내가 탕감받은 죄의 값이 얼마인지를 알지 못했다. 나의 죄를 사하시고 구원해 주셔서 나로 하여금 하나님의 자녀로 부르시기까지 하나님께서 무엇을 지불하셔야 했는지 몰랐다. 수많은 선지자와 순교자의 피로 물든 화려한 양탄자를 깔아 놓고 주님께서 나를 부르셨음을 알지 못했다.

나는 그날 이후 3개월간이나 나의 죄에 대한 아픔으로 하나님 앞에서 회개하는 나날을 보냈다. 이것은 전적으로 성령의 은혜였다. 내 생각이나 지식이나 경험으로 할 수 있는 일이 아니었다. 성령의 강권적인 역사였다. 그러나 한편으로는 이 기간 동안 나는 더없이 행복하고 평안했다. 내게는 이 깊은 죄로부터 구원받을 소망이 전혀 없음을 알고 회개하는 순간 나는 참으로 자유할 수 있었고 하나님이 내 속에서 승리하시는 것을 보았다.

"여호와의 말씀이니라 그날 그때에는 이스라엘의 죄악을 찾을지라도 없겠고 유다의 죄를 찾을지라도 찾아내지 못하리니 이는 내가 남긴 자를 용서할 것임이라"(렘 50:20).

죄에 대해 참다운 회개가 없는 곳에 하나님의 참다운 평화가 없다는 것을 마음으로 체험했다.

매일 묵상, 그리고 깊은 만남

빈 종이에 성경을 써 내려가며 매일 묵상을 하던 어느 날, 서울에서 연수차 온 대학 동창이 큐티책을 가져다주었다. 그때부터 아침마다 큐티책을 가지고 하나님과 마주 앉았는데, 다른 사람이 정해 준 순서인데도 어쩌면 이렇게 내 삶에서 일어나는 일들에 정확히 들어맞게 말씀하시는지 참으로 놀라웠다. 재정적인 어려움과 불확실한 내일로 인해 하나님을 의심하던 일에 대해 하나님께서 말씀하셨다.

> "그들이 그들의 탐욕대로 음식을 구하여 그들의 심중에 하나님을 시험하였으며 그뿐 아니라 하나님을 대적하여 말하기를 하나님이 광야에서 식탁을 베푸실 수 있으랴"(시 78:18~19).

이스라엘 백성은 출애굽 후 광야 길을 걸으며 마실 물이 없어서, 또 먹을 것이 없어서 하나님을 원망했다. 하나님은 그들이 목마르다면 물을 내시고 배고프다면 만나로 먹이시며 신실하게 돌보셨다. 그러므로 그들이 정작 불평한 것은 '먹을 것'이 없어서가 아니라 그들이 '먹고 싶은 것'이 없어서였다. 하나님은 이스라엘 백성의 이 같은 모습을 하나님을 시험하는 것이라고 하셨다. 나 역시 광야와도 같은 휴스턴에서 '내가 먹고 싶은 것'이 없어서 하나님을 시험하고 있었다. 그러나 나의 이 같은 불신의 죄악을 하나님은 오래 참으셨다.

> "그들이 광야에서 그에게 반항하며 사막에서 그를 슬프시게 함이 몇 번인가"(시 78:40).

"오직 하나님은 긍휼하시므로 죄악을 덮어 주시어 멸망시키지 아니하시고 그의 진노를 여러 번 돌이키시며 그의 모든 분을 다 쏟아 내지 아니하셨으니"(시 78:38).

이 말씀은 그동안 하나님을 섭섭하게 한 나의 마음 깊은 곳을 화살같이 찔렀다. 나는 회개했고 그러자 하나님은 내일에 대한 새로운 믿음을 주셨다.

"여호와께서 이르시기를 너희가 바람도 보지 못하고 비도 보지 못하되 이 골짜기에 물이 가득하여 너희와 너희 가축과 짐승이 마시리라 하셨나이다"(왕하 3:17).

고국에 돌아갈 수 없다는 사실에 절망하는 내게 하나님은 희망을 주셨다. 바람과 비도 없는데도 물이 가득하게 할 수 있는 하나님에 대한 믿음이 자라기 시작했다. 하나님은 내 인생에서 일어나는 모든 일에 대해 자세하게 말씀해 주셨다. 창세기 1장 1절을 썼을 때 하나님께서 말씀하시던 뜻을 그제야 이해할 수 있었다.

"너는 먼저 내 음성을 잘 듣는 아들이 되었으면 좋겠다."

하나님은 내가 참여하지 않아도 하나님께서 계획한 일을 이루어 가신다. 그런데 나는 내가 존재함으로 인해 하나님이 비로소 무언가를 하실 수 있게 된 것처럼 굴었다.

예수님이 나귀를 타고 예루살렘에 들어가실 때 백성들이 "찬송하리로다 주의 이름으로 오시는 왕이여 하늘에는 평화요 가장 높은 곳에는 영광이로다"(눅 19:38)라고 찬양했다. 백성들의 이 노래가 못마땅했던 바리새인들이 "선생이여 당신의 제자들을 책망하소서" 하자, 예수님은 "만일 이 사람들이 침묵하면 돌들이 소리 지르리라"(눅 19:40) 하셨다.

하나님은 돌들을 들어서도 하나님의 계획을 이루어 가시는 분이다. 그런 분이 혼자 하면 더 잘하실 수 있는데도 굳이 나 같은 자를 들어 하나님의 일에 사용하신다. 자격도 없는 내가 그 일을 함으로써 도리어 일을 어렵게 만들고 망칠 뿐인데도 하나님은 나를 부르신다.

그런데도 나는 그동안 예배를 드리고 헌금을 드리는 모든 일을 내가 한 줄로 착각했다. 내 의가 너무 강했다.

> "너희가 내 앞에 보이러 오니 이것을 누가 너희에게 요구하였느냐 내 마당만 밟을 뿐이니라 헛된 제물을 다시 가져오지 말라 분향은 내가 가증히 여기는 바요 월삭과 안식일과 대회로 모이는 것도 그러하니 성회와 아울러 악을 행하는 것을 내가 견디지 못하겠노라"(사 1:12~13).

> "순종이 제사보다 낫고 듣는 것이 숫양의 기름보다 나으니"(삼상 15:22).

하나님은 내가 먼저 그분의 음성을 듣는 자가 되기를 원하셨다. 하루 일을 시작하기 전 새벽에 일어나 주의 음성을 듣는 것은 내게는 주님이 내 삶의 주인임을 고백하는 믿음이요 행위였다.

세대가 바뀔 때마다 생각도 변하고 사조도 변하지만 결코 변하지 않는 한 가지 사실은 '인간은 죄인이고 하나님은 죄를 심판하신다는 사실'이다. 인간이 하나님을 떠난 죄로 인해 생긴 마음의 공허는 세상의 어떤 것으로도 채울 수가 없다. 세상 사람들은 이 마음의 공허를 채우기 위해 각양각색의 노력을 기울이지만, 오로지 주님의 임재하심만이 그것을 해결할 수 있다. 내가 얼마나 심각한 죄인인 줄을 깨닫고 철저하게 회개할 때 주님은 우리 가운데 임재하신다.

주님이 내 안에 임재하자 놀라운 내적 치료가 일어났다. 상처는 아물어도 상처의 흔적은 남는 것처럼 지난 세월 동안 잊은 듯했으나 여전히 남아 있던 나쁜 기억과 행위와 말과 인간관계로 인한 상처들이 치료되기 시작했다.

하나님은 내 마음 깊은 곳을 뒤지며 말씀하셨고, 나는 서서히 하나님의 마음을 이해해 갔다. 천지를 지으시고 인류의 역사를 주관하시고 나라와 공동체의 운명을 주관하시는, 전지전능하신 하나님이 사랑하는 대상은 바로 나였다. 티끌처럼 보잘것없는 나를 하나님은 기꺼이 사랑해 주신다.

무엇보다 하나님은 나와 대화하기를 원하신다. 언제든 마음을 비우고 그분 앞에 앉으면 하나님은 반드시 말씀하셨다. 내가 주님의 음성을 잘 들어서 그분의 마음과 뜻과 계획을 알 때만이 내가 그분의 일을 할 수 있다. 문제는, 하나님의 음성 듣는 것을 뒤로하고도 교회생활을 하고 선교도 하고 목회도 할 수 있다는 점이다.

어느 날 아침 묵상 중에 주님께서 믿음에 관한 말씀을 하셨다.

"이에 제자들에게 이르시되 어찌하여 이렇게 무서워하느냐 너희가 어찌 믿음이 없느냐 하시니"(막 4:40).

이 말씀을 듣고 출근을 했는데 그날따라 아주 어려운 하루를 보냈다. 어떤 환자와 보호자가 불만에 차서 내게 따지던 일이 앙금처럼 남아서 하루 종일 나를 따라다녔다. 집에 돌아와 책상에 앉았는데도 그 일로 마음이 심란해서 아무것도 머리에 들어오지 않았다. 나는 이럴 때면 아무도 방해받지 않는 곳에 가서 큰소리로 부르짖는 기도를 하곤 했다. 그날은 고속도로를 타고 달리며 1시간가량 부르짖으며 기도하니 마음이 좀 편해졌다. 집으로 돌아오는 길에 성령님이 세미한 음성으로 말씀하셨다.

"네가 오늘 마음이 어려운 이유가 무엇인 것 같으냐?"

"그야…, 나는 최선을 다했는데 환자가 나를 믿지 않아 섭섭해서요."

"그러면 너는 나에 대한 믿음이 얼마나 되는 것 같으냐? 그리고 네가 나에 대한 믿음을 저버릴 때 내 마음은 어떨 것 같으냐?"

그 순간 나는 차를 돌려 고속도로로 다시 올라가 오랫동안 회개하며 기도했다. 그리고 아침에 성경을 통해 말씀하셨건만, 내가 잘 알아듣지 못하니까 사건을 통해 말씀하시는 하나님을 마음껏 찬양했다.

이튿날 병원에 가서 그 환자와 보호자를 만나 내가 부족해서 미안하다고 말했다. 그러자 그들은 간호사들로부터 자세한 설명을 듣고 자기들이 오해했다는 것을 알았다고 오히려 미안해했다. 우리는 서로 포옹하며 기쁜 마음으로 헤어졌다.

> "하나님께 속한 자는 하나님의 말씀을 듣나니 너희가 듣지 아니함은
> 하나님께 속하지 아니하였음이로다"(요 8:47).

지난 세월 교회에서 수많은 일을 했지만, 과연 그중 하나님의 말씀을 듣고 시작한 일이 있을까? 주님의 제자가 되려면 먼저 그분의 음성을 듣는 자가 되어야 한다. 우리는 공동체를 통해 수많은 사역을 하지만, 주님의 말씀과 전혀 관계없는 사역이 너무나 많다. 성경은 "너희가 듣지 아니함은 하나님께 속하지 아니하였음이로다"라고 말하고 있다. 하나님께 속한 증거는 하나님의 음성을 듣는 데서 나타나야 하는 것이다. 그런데 우리는 흔히 '하나님의 뜻이겠지', '믿음 있는 사람들이 하는 일이니까' 하는 식으로 하나님의 음성을 들으려 하기보다 자기 자신 혹은

다른 사람의 말을 들으려고 한다.

> "문지기는 그를 위하여 문을 열고 양은 그의 음성을 듣나니 그가 자기 양의 이름을 각각 불러 인도하여 내느니라"(요 10:3).

또 우리는 '이 세상의 수많은 크리스천들이 어떻게 하나님의 음성을 다 들을 수 있을까'라고 생각한다. 하지만 성경은 양은 모두 자기 주인의 음성을 듣는다고 말하고 있다. 우리가 만일 하나님께 속한 자라면 하나님의 음성을 듣는 것이 당연하다는 뜻이다. 하나님은 각 사람을 개인적으로 부르시는 분이다.

말씀은 나로 하여금 나의 깊은 마음까지 청소하게 했다. 주님의 십자가가 극치의 사랑임을 깨닫고, 내 마음 깊은 곳에 감춰진 죄까지 회개하자, 나를 사랑하고 이웃을 사랑하고 하나님을 사랑할 능력이 생겼다. 말씀은 사랑의 근원이 예수님께 있음을 알게 하였고, 이 모든 일의 자초지종이 하나님과 사랑의 관계로 회복하는 데 있음을 깨닫게 하였다. 오래전 영화의 대사가 생각났다.

"사랑이 식으면 꽃이든 다이아몬드든 아무것도 소용없는 법이야!"

그렇다! 하나님과 개인적이고 구체적인 깊은 사랑의 대화가 없으면 내가 하나님을 위해 한다는 사역이든 일이든 다 소용없는 것이다. 하나님과 깊은 사랑의 교제를 나누지 못하면서 하는 신앙의 열심은 세상 사람들이 마음의 공허를 채우기 위해 온갖 세상 것들로 채우려는 열심과 다르지 않다. 그야말로 이사야 말씀처럼 "내 마당만 밟을 뿐"(1:12)인 것이다.

더욱 어려워지는 현실

나는 하나님의 말씀으로 속사람이 강건해지고 믿음이 견고해져 갔다. 그러나 현실은 조금도 달라진 것이 없었다. 아니 오히려 더 나빠지는 것 같았다. 미국에서 속도위반으로 경찰에 붙잡혀 벌금을 물어야 하는 경우는 드물다. 그런데 나는 여러 번 경찰에 걸려 벌금을 물어야 했는데, 대개 주택가의 30마일을 35마일로 달렸다가 단속을 받는 경우였다. 단돈 5불을 아끼기 위해 직접 자동차 밑에 들어가 엔진오일을 갈던 내겐 너무 가혹한 것이었다. 휴스턴의 모든 경찰이 나만 붙잡기 위해 숨어 있는 것 같았다. 그리고 무엇보다 서울로 돌아갈 길이 요원했다.

현실의 삶은 마른 장작에 불을 지피듯이 평안하지 못했지만 내 영혼은 마르지 않는 샘이 넘쳐흐르듯 평강으로 가득했다. 보이는 어려움이 절정에 달할수록 하나님의 평강이 깊어지는 이 이율배반적인 하나님 나라의 비밀 때문에 수많은 사람들이 순교하는 게 아닐까 하는 생각이 들었다. 나는 이 시간을 지나면서 모든 인생이 경험하는 고난에 대한 한 가지 견해가 생겼다. 어느 누구도 피할 수 없는 고난에 대한 해석의 원리를 깨닫게 된 것이다.

> "내가 확신하노니 사망이나 생명이나 천사들이나 권세자들이나 현재
> 일이나 장래 일이나 능력이나 높음이나 깊음이나 다른 어떤 피조물이
> 라도 우리를 우리 주 그리스도 예수 안에 있는 하나님의 사랑에서 끊
> 을 수 없으리라"(롬 8:38~39).

그것은 바로 고난은 하나님의 사랑을 아는 통로라는 것이다. 내가 배
부르고 등 따습다면 과연 하나님의 사랑을 갈급하게 찾았을까? 그러지
않았을 것이다. 그렇다면 오늘 당하는 고난은 아침마다 겸손한 마음으
로 하나님을 대면하여 그분의 음성을 듣도록 인도해 내는 축복이다.

> "고난당한 것이 내게 유익이라 이로 말미암아 내가 주의 율례들을 배
> 우게 되었나이다"(시 119:71).

그런 점에서 이 세상에서 누리는 세상적인 축복이 영적인 나라에서
는 저주가 될 수도 있다.

하나님은 백 세에 아들을 얻은 아브라함에게 아들 이삭을 제물로 바
치라고 하셨다. 수넴 여인은 아들을 원하지 않았지만 하나님은 선지자
엘리사를 통해 아들을 주시더니 잘 자라던 아들을 갑자기 데려가셨다.

그러고는 엘리사의 기도를 통해 다시 아들을 여인에게 돌려주셨다. 아브라함과 수넴 여인도 이 사건을 통해 오늘 내가 소유한 세상의 모든 축복이 사실은 하나님의 것임을 깨달았다. 하나님은 우리에게 100% 사랑을 원하신다. 우리가 하나님을 향한 시선을 세상의 축복으로 돌리는 순간 하나님은 질투하신다. 하나뿐인 아들을 십자가에 못 박으면서 우리를 사랑하신 하나님은 우리 역시 하나님을 순수하게 사랑하기만을 바라신다.

공산당 치하의 구소련에서 사람들이 몰래 숨어 예배를 드리는데 갑자기 총을 든 KGB 요원들이 나타나서 이렇게 엄포했다.

"예수를 부인하고 달아나면 살려 두겠지만 그냥 남아 있다면 모두 체포하겠다."

그러자 몇 명이 일어나 달아났다. 순교할 생각으로 끝까지 자리를 지킨 사람들이 숨을 죽이고 있는데, 총을 든 사내들이 총을 내려놓으며 "이제 마음 놓고 우리도 여러분과 예배드릴 수 있겠습니다" 했다. 고난은 진짜와 가짜를 가려내고 믿음을 순수하게 만든다.

그 시절 내게 닥친 현실의 문제는 나로 하여금 말씀을 통해 하나님의 음성을 듣는 훈련을 하도록 이끌었다. 하루 일과를 시작하기 전 가장 먼저 말씀을 펴면 하나님은 내게 타이르시거나 위로하시거나 격려하셨다. 그리고 무엇보다 나의 죄를 보게 하셔서 하나님의 사랑을 깨닫게 하셨다.

아침마다 듣는 하나님의 말씀은 꿀처럼 달았다. 하나님의 임재하심이 나를 사로잡았고 무엇보다 가슴이 벅찼다. 과거에도 하나님의 임재하심을 느낀 적은 있으나 이렇게 구체적이지는 않았다. 하나님은 광야에서 홀로 모래바람을 맞는 것처럼 황량한 내 마음에 임재하심으로 새로운 소망을 불어넣으셨다. 이제 광야는 더 이상 광야가 아니었다. 사랑으로 베푸시는 하나님의 훈련장이었다.

> "내 아들아 주의 징계하심을 경히 여기지 말며 그에게 꾸지람을 받을 때에 낙심하지 말라 주께서 그 사랑하시는 자를 징계하시고 그가 받아들이시는 아들마다 채찍질하심이라 하였으니 너희가 참음은 징계를 받기 위함이라 하나님이 아들과 같이 너희를 대우하시나니 어찌 아버지가 징계하지 않는 아들이 있으리요"(히 12:5~7).

여기에 더 이상 무슨 증거가 필요할까? 내가 어려운 길을 가는 것은 하나님께서 나를 사랑하셔서 인도하는 일이라고 하신다. 나는 그분의 징계를 받기에 합당한 자가 되어 가고 있었다!

모세처럼 바위 뒤에 숨어 지나가시는 하나님의 영광된 모습을 보지는 못했지만, 나는 하나님으로부터 '하나님의 영광을 내게 보이소서' 하는 나의 기도에 필요하고도 충분하게 응답을 받았다. 하나님은 당신의 마음을 내게 알게 하시고 나를 향한 내일의 계획도 말씀해 주셨다.

"내가 이새의 아들 다윗을 만나니 내 마음에 맞는 사람이라 내 뜻을 다 이루리라"(행 13:22).

나를 통해 하나님의 뜻을 이루신단다. 이 말씀은 구름 속에 가려진 나의 내일에 대한 충분한 대답이 되었다. '큐티책'은 하루도 빼놓을 수 없는 나의 동반자가 되었다. 나는 내가 만난 수많은 사람들에게 큐티책을 권하거나 선물하면서 이렇게 말했다.

"이 책을 잘 보세요. 이 책은 분명히 '매일' 읽는 성경입니다. 절대로 매주성경, 매월성경, 매년성경이 되게 하면 안 됩니다."

여행길에서 들은 말씀

모교에서 교수로 있다가 휴스턴에 연수차 오면서 내게 큐티책을 가져다준 대학 동기로부터 나는 많은 것을 배웠다. 그는 출판사 간사로 있으면서 여러 가지 사역들을 하고 있었다.

어느 날 우리 가족은 그와 함께 옐로스톤으로 여행을 가게 되었다. 아주 더운 여름날 우리는 휴스턴을 출발해 하루 종일 차를 달려 그날 저녁 무렵에야 휴게소에 들를 수 있었다. 팔순이 가까운 어머니가 화장실을 다녀오시더니 갑자기 가슴에 통증을 호소하셨다. 다들 오랜만에 떠난 이번 여행에 대한 기대가 컸던 터라 난감했다. 주변엔 오로지 허허벌판이어서 병원도 없었다. 만일 이대로 돌아서 집으로 가야 한다면, 우리로 인해 친구 가족까지 여행을 망칠 것이었다. 그렇다고 그냥 여행을 계속하자니 어머니의 건강이 걱정되었다. 마치 어딘가에 머리를 세게 부딪친 것처럼 멍해져서 어떻게 해야 할지 판단이 서지 않았다. 어머니는 다행히 친구가 가져온 비상약을 드신 뒤 통증이 좀 가라앉은 듯했다.

우리는 일단 가까운 마을로 들어가 모텔에서 밤을 지내기로 했다. 아내와 나는 애들을 재운 뒤 차를 타고 한적한 곳으로 가서 기도하기 시작했다. 우리는 어머니의 건강을 위해 기도하면서 이 여행을 계속해야 할지 말아야 할지 지혜를 구했다. 어렵사리 근처 병원을 찾는다 해도 한두 시간으로 검사가 끝날 일도 아니었다. 미리 예약해 둔 옐로스톤의 숙소며 같이 온 친구 가족에 대한 미안함, 어머니 건강에 대한 걱정으로 인해 그날 밤 나는 잠을 제대로 이루지 못하다가 아침이 되어 일어나 성경을 폈다.

"이사야가 히스기야에게 보내 이르되 이스라엘 하나님 여호와의 말씀이 네가 앗수르 왕 산헤립 때문에 내게 기도하는 것을 내가 들었노라 하셨나이다"(왕하 19:20).

하나님은 내게 이 말씀을 통해 어제 아내와 내가 한 기도를 들으셨다는 마음을 주셨다. 나는 아내에게 하나님께서 우리의 기도를 들으셨다고 하니 그냥 여행을 계속하는 것이 어떻겠냐고 했고, 우리는 그 아침 짐을 챙겨 옐로스톤을 향해 떠났다. 내 마음에 의심이 없을 수 없었지만 믿음과 의심 사이를 오가며 운전 중에 계속해서 기도했다.

저녁 무렵, 우리는 옐로스톤 기슭에 당도해 여장을 풀었다. 아내와 나는 지난밤처럼 한적한 곳에 차를 몰고 가 기도했다. 오늘 아침 말씀에 히스기야 왕이 여호와의 전에 들어가 산헤립에게서 받은 편지를 펴놓고 기도했다는데 우리도 구체적으로 기도하기로 하고 아내와 먼저 기도 제목을 나누었다.

첫째, 이 여행을 잘할 수 있게 해주시고, 둘째, 어머니가 우리 가족과 몇 년 더 같이 지내다가 고국으로 돌아가 나머지 여섯 아들딸과 손주들을 보실 수 있게 해달라고 기도했다. 어머니와 무척 정이 들었던 아내는 눈물로 간절히 기도했다.

이튿날 아침 일어나자마자 나는 성경을 폈다.

"히스기야가 병들어 죽게 되매⋯ 여호와의 말씀이 너는 집을 정리하라 네가 죽고 살지 못하리라 하셨나이다 히스기야가 낯을 벽으로 향하고 여호와께 기도하여⋯ 여호와의 말씀이 내가 네 기도를 들었고 네 눈물을 보았노라 내가 너를 낫게 하리니⋯ 내가 네 날에 십오 년을 더할 것이며⋯"(왕하 20:1~6).

아내와 나는 이 말씀을 보고 깜짝 놀랐다. 남이 정해 준 순서에 따라 말씀을 묵상할 뿐인데, 어쩌면 이렇게 정확하게 우리 상황에 꼭 맞는 말씀을 주실 수 있단 말인가! 하나님께서 우리의 기도를 들으시고 아내의 눈물을 보셨다고 하시지 않는가! 어머니의 병환을 낫게 하실 뿐만 아니라 우리가 기도한 대로 어머니의 앞날을 인도해 주겠다고 하시지 않는가!

우리는 말씀을 대한 뒤 담대할 수 있었다. 어제 운전하면서 '수천 년 전에 있었던 역사적인 사건이 오늘 나와 무슨 상관이 있단 말인가? 혹시 내가 하나님의 말씀을 잘못 들은 건 아닐까?' 하는 의심과 싸웠는데, 오늘 말씀을 읽고 어제의 의심을 말끔히 지워 버렸다. 어머니가 이 여행을 잘 견딜 뿐 아니라 즐거운 여행이 될 것이란 확신이 들었다.

우리는 가벼운 마음으로 옐로스톤으로 들어갔고 하나님께서 지으신 놀라운 자연의 섭리를 만끽했다. 그리고 계속되는 말씀 가운데 우리가 마음을 열고 기도하면 하나님은 당신의 계획도 변경하실 수 있다는 것을 알았다.

> "내가 이곳과 그 주민에게 대하여 빈 터가 되고 저주가 되리라 한 말을 네가 듣고 마음이 부드러워져서 여호와 앞 곧 내 앞에서 겸비하여 옷을 찢고 통곡하였으므로 나도 네 말을 들었노라 여호와가 말하였느니라"(왕하 22:19).

성경 자체는 활자요 종이에 불과하지만 성령님은 성경을 통하여 살아 계신 하나님, 말씀하시는 하나님을 증거하신다. 구약은 단지 역사적인 사실을 기록한 책이 아닌 것이다.

> "형제들아 나는 너희가 알지 못하기를 원하지 아니하노니 우리 조상들이 다 구름 아래에 있고 바다 가운데로 지나며 모세에게 속하여 다 구름과 바다에서 세례를 받고"(고전 10:1~2).

60만 명의 이스라엘 민족이 홍해를 건넌 사실을 성경은 오늘날 우리가 받는 세례라고 설명한다. 홍해를 건너는 것은 그들로서는 불가능한 일이었다. 하나님만이 하실 수 있는 일이었다. 우리가 주님을 만나 구원받은 것도 하나님만이 예수님을 통해 하실 수 있는 일이다. 이스라엘 민족이 홍해를 건너 들어간 광야에서 40년을 훈련받은 것처럼 크리스천에게는 주님의 제자가 된 후 반드시 거쳐야 하는 영적 훈련이 있다. 오늘 우리가 겪는 고난은 하나님이 우리를 영적으로 훈련하시는 인생의 광야다.

구약이 하나님께서 그린 설계도라면 신약의 사복음서는 예수님이 건축자가 되어 하나님의 설계도대로 집을 지으신 기록이다. 그리고 사복음서 이후의 신약서는 성령님이 신약과 구약의 관계를 영적으로 해석한 것이라고 생각한다. 그래서 구약의 역사적 사건은 오늘 나의 삶에서 일어나는 영적인 일과 일치할 수 있다.

우리는 예정대로 여행을 무사히 마치고 집으로 돌아왔다. 어머니는 내가 운전하는 밤 동안 주무시지도 않고 내 옆자리를 지키셨다. 나는 주일 새벽에 도착해서 샤워를 한 뒤 예배드리러 교회에 가기 전에 말씀을 폈다. 오랜만에 여행을 떠난 우리에게 하나님은 왜 그런 어려운 결정의 시간을 주셨을까, 하는 나의 질문에 말씀은 이렇게 대답했다.

> "여호와의 성전 안에서 발견한 언약책의 모든 말씀을 읽어 무리의 귀에 들리고 왕이 단 위에 서서 여호와 앞에서 언약을 세우되 마음을 다하고 뜻을 다하여 여호와께 순종하고 그의 계명과 법도와 율례를 지켜 이 책에 기록된 이 언약의 말씀을 이루게 하리라 하매 백성이 다 그 언약을 따르기로 하니라"(왕하 23:2~3).

하나님은 우리가 언제든 어디서든 마음을 다하고 성품을 다하여 하나님께 순종하며 살아가기를 원하신다.

어머니는 내가 초등학교 2학년 때 아버지가 돌아가신 뒤 홀로 7남매를 키우셨다. 어머니는 집안에 무슨 일이 있을 때마다 절에도 가시고 우리 집 앞 저수지에 나가 첫 새벽에 길은 샘물을 상에 차려 놓고 소원을 비시곤 했다. 그러던 어머니가 75세에 우리 가족을 만나러 뉴욕에 오셨다가 주님을 영접하셨다. 성령의 은사도 체험하고 휴스턴에 와서는 주변의 할머니들을 전도하기도 하셨다. 그리고 어머니는 아내와 내가 옐로스톤 여행길에서 응답받은 대로 우리와 같이 댈러스, 리틀록을 거쳐 지금 살고 있는 플로리다에서 지내다가 고국으로 돌아가셨다. 고국에서도 수년 동안 손주들과 시간을 보내시다 89세에 하나님 품으로 가셨다. 히스기야 왕이 기도함으로 15년의 기한을 얻은 것처럼, 하나님은 어머니에게 그 같은 약속을 주셨고 약속대로 신실하게 성취하셨다.

새 길을 여시며

텍사스 심장센터에서는 원래 2년 수련을 예정했다. 그러나 혹시나 고국으로 돌아갈 길이 열리지 않을까 기웃거리다 어느덧 2년 반이나 흘러갔다. 이제 휴스턴을 떠날 때가 아닌가 싶었다. 하지만 내 뜻, 내 계획을 고집하지 않고 하나님의 인도하심을 따르기로 했다. 하나님께서 반드시 나의 길을 인도하시리라는 확신이 있었기 때문이다.

'내 뜻을 접고 하나님의 뜻을 이루리라!'

다음 가야 할 진로를 놓고 기도하던 그 해 12월 16일 아침 묵상 중에 하나님께서 내가 휴스턴을 떠날 것이라는 확신을 주셨다.

"여호와는 선하시며 환난 날에 산성이시라 그는 자기에게 피하는 자들을 아시느니라… 이제 네게 지운 그의 멍에를 내가 깨뜨리고 네 결박을 끊으리라… 볼지어다 아름다운 소식을 알리고 화평을 전하는 자의 발이 산 위에 있도다"(나 1:7~15).

내게 주어진 이 현실, 가난과 불투명한 내일에 대한 염려와 멍에를 깨뜨리신단다. 그리고 누군가를 통해 아름다운 소식을 알려 주신단다. 그렇지만 때는 12월이니 내년 7월까지 반년이나 기다려야 하지 않겠나 생각했다. 이곳은 모든 일의 처음을 7월 1일에 시작하기 때문이다. 그런데 놀랍게도 말씀을 들은 지 며칠 뒤인 12월의 어느 날 하나님의 약속이 현실로 나타났다. 텍사스 심장센터의 닥터 로울(Roul)이 함께 수술하다 말고 말했다.

"여기 있은 지 얼마나 되었지?"

"이달 말이면 2년 반이 됩니다."

"댈러스 베일러 의과대학 병원(Baylor University Medical Center)에 있는 닥터 어셜(Urschell)이 사람을 찾고 있는데 한번 가 보지 그래."

나는 아직도 그분이 심장센터에 있던 20여 명의 수련의 중 왜 내게 그런 제안을 하셨는지 이해할 수 없다. 나는 곧바로 닥터 어셜에게 전화를 했고, 그는 12월 24일에 인터뷰를 오라고 했다. '크리스마스이브에 인터뷰를…?'

나는 약속한 날에 그를 만나러 갔다.

"닥터 로울(Roul)한테 자네 얘기를 들어서 더 할 말은 없네. 온 김에 필요한 절차를 다 마치고 1월부터 이리 와서 일했으면 하네."

하나님은 내게 미리 말씀하시고, 나를 위해 댈러스에 자리를 비우시고, 주님의 탄생을 기념하는 크리스마스이브에 하나님의 약속을 이루셨다. 그리하여 나는 이듬해 1월부터 댈러스에 있는 베일러 의과대학 병원에서 일하게 되었다. 일단 휴스턴을 떠난 일은 기뻤지만, 장소가 달라졌을 뿐 역시 수련의 과정일 뿐이었다. 하나님의 뜻을 따르기로 했으나 여전히 고국으로 돌아갈 소망은 버리지 못했다. 이스라엘 백성이 40년을 광야에서 헤맸듯이, 나 역시 이렇게 전전하다가 마침내 고국으로 가지 않을까 하는 기대를 버리지 않았다.

넘치는 하나님의 말씀

현실은 아직도 사막이었지만 영적으로는 충만한 나날이었다. 내 삶에 하나님의 간섭하심과 임재가 어느 때보다 분명했고 '하나님이 내일 무슨 일을 하실까' 하는 생각으로 가슴이 설레었다. 아침마다 하나님의 말씀이 내 작은 가슴에 넘쳐 나고, 이 말씀을 듣고 한 시간을 운전해서 병원으로 가는 길은 기도하는 시간이었다. 아무도 들을 수 없는 차 안에서 나는 있는 힘껏 부르짖으며 기도했다. 돌아오는 시간은 찬송과 설교 시간이었다. 하나님이 내 가슴에 가득 채운 말씀을 가지고 돌아오는 차 안에서 열정적으로 설교하는 것이다. 청중도 없는데 나는 나의 설교에 감동되어 울었다. 그런데 하나님은 내 마음의 소원을 마음껏 쏟아 낼 사역을 댈러스에서 준비하고 계셨다.

댈러스에 도착한 뒤 우리는 한인 침례교회를 방문했는데, 그 주에 목사님께서 심방을 오셨다. 이런 저런 얘기를 나누다가 내가 휴스턴에서 교육부장을 한 얘기를 들으시고 주일학교 교육부를 맡아 달라고 하셨다. 휴스턴에서 교육부를 섬길 때 나는 내가 이 일에 얼마나 자격 미달인가를 그때만큼 느껴 본 적이 없다. 문화와 관습이 굳을 대로 굳은 이민 1세대와 그 가정에서 태어나 이 땅의 문화에 적응한 세대 간에 일어나는 갈등은 심각한 문제였다. 이 일은 정말 전문인 사역자가 해야 된다고 생각했다. 따뜻한 가슴 하나로 세대 간의 장벽을 넘기에는 역부족이었다.

그러나 나는 내가 하고 싶은 일을 하지 않고 교회가 필요로 하는 일을 하겠다고 다짐한 바가 있어서 순종하는 마음으로 그렇게 하겠다고 말씀드렸다.

그리고 다음 주일이 되었다. 예배 후 친교실로 한 청년이 찾아왔다. 휴스턴에 있는 친구를 통해 나의 얘기를 들었다면서 "청년부를 좀 도와주십시오" 했다. 그러나 나는 목사님과 약속한 것도 있고 해서 그저 "기도해 보겠다"고 했다. 몇 분 지나지 않아 또 다른 청년이 내게 다가와 "청년부를 좀 도와주십시오" 했다. 나는 또 "기도해 보겠습니다" 했다. 이튿날 아침에 일어나 성경책을 펴는데 이런 말씀이 나왔다.

"고넬료가 집안 하인 둘과 부하 가운데 경건한 사람 하나를 불러 이 일을 다 이르고 욥바로 보내니라… 베드로가 본 바 환상이 무슨 뜻인지 속으로 의아해 하더니… 두 사람이 너를 찾으니 일어나 내려가 의심하지 말고 함께 가라 내가 그들을 보내었느니라 하시니"(행 10:7~20).

어제 나를 찾아온 두 청년이 생각났다. 하나님께서 두 청년을 보내셨으니 따라가서 도우라시지 않는가! 그런데 청년부를 섬기면 수일 전 목사님과 약속한 교육부 사역은 어떻게 해야 하는가? 그 문제로 기도하는데 그 다음 주일이 되기 전에 목사님이 먼저 전화를 하셨다.

"교육부는 다른 분께 맡길 테니 청년들을 좀 지도해 주세요."

그렇게 해서 나는 그 주 금요일 청년들을 만나러 갔고, 가슴에 차고 넘치는 하나님의 말씀을 쏟아 붓기 시작했다. 금요일 저녁 찬양과 예배, 주일 아침 성경공부를 위해 일주일에 두 번씩 모이기로 했다. 나는 청년들에게 철저한 헌신을 요구했다. 인간관계든 세상일이든 두 마음을 가진 자처럼 불행한 사람이 없다. 세상과 짝한 다리를 과감하게 자를 것을 요구했다. 말씀 묵상과 기도 생활을 온전히 할 것을 가르쳤다.

성령님의 놀라운 인도하심이 청년들 사이에서 체험되기 시작했다. 그러자 청년들이 변화되기 시작했는데, 주변 사람들이 알아차릴 만큼 확실한 변화였다.

하루는 어느 성도님이 내게 와서 "집사님이 A형제를 때렸어요? 어떻게 저렇게 변하게 만들었죠?" 했다. 물론 농담이었다. 나는 성도님의 말을 듣고 주님의 증인으로 사는 것이 무슨 의미인지를 깨달았다. 나의 능력과는 상관없이, 성령께서 직접 우리 가운데 역사하시는 것을 눈으로 보고 체험한 증인이 된 것이다. 하나님 앞에 헌신한 겨자씨 하나 같은 믿음 위에 하나님은 하나님 나라의 능력으로 역사하셨다.

나는 큐티책에서 주신 말씀으로 하나님의 음성을 듣는다. 주님이 하신 말씀을 종이에 옮겨 쓴 후 기도한다. 그리고 간단한 주석 책과 영어 성경(주로 Life Application Bible)을 대조하며 그날 말씀의 깊은 내용을 공부한다. 이렇게 해서 하나님의 메시지가 각인되면 이를 잘 저장해 두었다가 알맞은 때에 꺼내어 하나님을 증거한다.

나는 청년들을 만나기 위해 성경책을 연구하거나 신학적 교리를 가르치지 않았다. 그것은 내가 할 일이 아니라고 생각했다. 나는 내 삶 속에 말씀으로 역사하시고 내 마음 깊은 곳을 통찰하시는 살아 계신 성령님의 역사를 증거했다. 아침에 말씀을 대하면 하나님이 청년들을 위한 말씀을 주셨고, 나는 그저 쏟아 놓기만 하면 되었다. 때때로 나의 생각과 마음을 주관하셔서 내가 계획하지도 않던 말씀을 증거하게 하시기도 했다. 그때의 감격이란 말로 표현할 수 없다.

"너희의 하나님 여호와께서 이 땅을 너희 앞에 두셨은즉
너희 조상의 하나님 여호와께서 너희에게 이르신 대로
올라가서 차지하라 두려워하지 말라 주저하지 말라"

(신명기 1:21).

a heart beats ...

CHAPTER 2

또 다른 길

나는 의사라는 직업을 포기함으로써 나의 모든 것을 부인하고
하나님 앞에 두 손 들고 항복했다.

하늘에서 온 전화

베일러 의과대학 병원은 훌륭한 병원이었다. 닥터 어셜(Urschell)은
하버드 대학 출신으로 학회에서도 명망 있는 훌륭한 의사였다. 하지만
나는 몇 개월이 지나지 않아 그곳에선 더 이상 배울 게 없다는 걸 알았
다. 고국으로 돌아갈 실마리도 전혀 보이지 않고 경제적인 어려움도 여
전했다. 나는 차츰 의사로서 의욕을 상실해 갔다. 남들은 당장 개업하거
나 취직하면 경제적인 어려움만큼은 해결될 것이라고 조언했지만, 나
는 그럴 생각이 전혀 없었다. 너무 오랜 시간 수련을 받은 탓인지 나는

그저 지쳐 있었다.

당시 내가 일하던 병원의 심장병동은 16층에 있었다. 하루는 환자를 보다가 창밖을 내다보는데 댈러스신학교(Dallas Theological Seminary)의 정경이 한눈에 들어왔다. 그때 문득 '나는 매일 수술해서 고쳐 놓아도 필경에는 죽을 육신의 생명을 위해 이렇게 오랜 세월 훈련받고 있는데, 저 학교는 한 번 고치면 다시 죽지 않는 영생으로 인도하는 학문을 배우고 있구나' 하는 생각을 하게 되었고, 얼마 후 나는 댈러스신학교의 핸드릭스(Hendricks) 교수가 지도하는 '성경공부방법'(Bible Study Method)이라는 강의를 야간에 듣기로 했다.

그즈음 나는 나의 길에 대해 어떤 결론을 내려야 한다는 압박감에 시달렸다. 사실 당시 의사로서 나의 삶은 여전히 안개 속처럼 앞이 보이지 않았지만, 교회에서 하는 영적인 사역에서는 하나님의 축복이 넘쳐났다. 나 같은 자가 전한 복음을 듣고 성령님의 도우심으로 어떤 사람은 눈물을 펑펑 쏟으며 주님을 영접했고, 많은 이들의 삶이 변화되는 역사가 있었던 것이다. 그러다 보니 어느 순간 혹시 하나님이 나를 의사가 아닌 다른 길로 부르신 게 아닐까 하는 생각이 들었고, 만일 그렇다면 공연히 의사한답시고 시간 낭비할 일이 뭐가 있나 하는 생각에 이르렀다.

사실 의사의 길은 내게 매우 특별한 의미였다. 고등학교 시절 등굣길에 어떤 환자가 두꺼운 솜이불을 둘러쓰고 병원 문이 열리기를 초조하게 기다리는 모습을 보고 의사가 되기로 작정한 이후 지금까지 한 번도 변한 적 없는 나의 오랜 꿈이었다. 하지만 하나님은 내가 기도해도 말씀을 묵상해도 의사로서의 나의 길에 대해선 묵묵부답이셨다. 의과대학 시절 대부분의 교수님들이 미국 유학파들이어서 그들을 따라 미국에 왔으나 벌써 9년이 지나도록 앞이 보이지 않았다. 미로를 헤매고 있는 것처럼 답답했다.

5년 전 모교의 외과 과장님이 혈관외과를 좀 더 공부해서 학교에 새로운 과를 만들어 보자고 제안하여 귀국을 미룬 것인데, 외과 과장님은 이미 모교를 떠난 상태였다. 또 혈관외과를 제대로 하려면 심장외과를 해야 하는데 다시 심장외과 의사로 돌아가자니 그것은 더 막막했다. 내가 수련을 받던 텍사스 심장센터(Texas Heart Institute)에는 20여 명의 수련의가 있는데, 그중 두 명만 소위 레지던트(resident)라고 해서 심장외과 전문의 자격이 주어지고, 나머지는 혈관외과를 해야 했다. 미국에서 심장외과 의사로서 일하려면 먼저 정식으로 등록된 수련의 과정을 거쳐야 했다. 당시만 해도 심장외과 수련의 자리를 얻는 것은 하늘의 별 따기만큼이나 어려웠다. 몇 년간 공들여 연구생(research) 생활을 한 후에야 기회가 주어졌는데, 그런 뒤에도 수많은 의사들이 미국 전역에서 140명을 뽑는 수련의 자리를 놓고 경쟁해야 했다. 더구나 나처럼 외국 학교 출신의 의사에게는 거의 불가능에 가까웠다.

이제 와서 레지던트 과정을 밟자니 여러 가지 여건이 따라 주지 않았다. 그렇다고 일반외과 의사로서 미국에 주저앉고 싶지는 않았다. 나는 이러지도 저러지도 못한 채 진퇴양난의 상황에서 혹시 하나님이 계획하신 나의 길은 따로 있을지도 모른다고 생각하게 되었다.

'하나님이 한 길을 막고 한 길을 여시는 것은 열린 길로 들어서라는 계시가 아니겠는가.'

'하나님도 내가 내 인생을 드려 주님의 일을 한다면 기뻐하시겠지?'

이렇게 해서 나는 댈러스신학교에 정식으로 입학하기로 마음먹었다. 의과대학 입학통지서를 받던 날 세상을 다 얻은 것처럼 얼마나 기뻤던가. 또 대학 배지를 달고 얼마나 뽐냈던가. 지난 시간 어렵긴 했지만 자존심 하나로 달려오지 않았던가. 만감이 교차하는 가운데 나는 의사의 길을 버리기로 결심했다.

'육신을 구원하는 일에서 전적으로 생명을 구원하는 길로 가는 것인데 어떻게 둘이 비교될 수 있겠는가!'

과연 나의 결정이 잘한 것일까 하는 두려움은 있었으나 하나님이 부르신 일이라면 더 가치 있는 일이라고 여겼다. 그리고 막상 그렇게 결심하고 나니 마음에 놀라운 평강이 임했다. 묵묵히 내 길을 따라 준 아내의 동의가 있었기에 더 큰 힘이 되었다.

수련 기간이 아직 6개월 더 남았지만 나는 병원에 사표를 냈다. 응급실에서 일할 자리를 알아보니 24시간 일하면 48시간 쉴 수 있어서 신학교를 충분히 다닐 수 있을 것 같았다. 더구나 수련의 월급의 몇 배나 되는 수입이라 학비며 가족 생활비도 문제없을 것 같았다.

이 같은 결정은 내겐 매우 중요한 영적인 사건이었다. 예전에 전 재산을 하나님께 바쳐 본 적은 있지만 그것과는 차원이 달랐다. 그동안 내 인생을 바쳐 이룩해 온 가장 귀한 것을 바치는 일이었다. 내가 하나님께 완전히 두 손 들고 항복하는 사건이었다. 그만큼 내게 의사라는 직업은 나라는 사람 그 자체였다. 의사와 상관없는 나는 상상할 수도 없었다. 나는 의사라는 직업을 포기함으로써 나의 모든 것을 부인하고 하나님이 새로 주실 사명으로 덧입기로 결심했던 것이다.

하나님은 지난날 술 마시며 방탕하게 살던 나를 강권적으로 부르셔서 하루아침에 새 삶을 주셨다. 하나님은 내가 의심하며 시험에 빠지려 하면 성령의 체험으로 믿음을 회복시키셨다. 하나님은 온실에서 자칫 안이해질까 봐 광야로 몰아내어 나를 훈련하셨다. 세상의 소망을 끊으시고 내 속사람을 강건케 하시어 보이는 세상에서 보이지 않는 곳에 숨겨 둔 하나님 나라의 비밀을 알게 하셨다. 광야 길을 가는 동안 낮에는 구름기둥으로 밤에는 불기둥으로 함께하시며 '고아와 같이 버려두지 아니하시고' 약속을 신실하게 지키셨다. 이런 하나님의 사랑 앞에 나는 두 손 들고 항복한 것이다.

'이제 나는 이 세상에서 주장할 것이 아무것도 없구나. 돈도 없고, 의사라는 직함도 없고, 오직 하나님 한 분밖에 없구나!'라고 자각하는 순간 나는 너무도 감격스러운 하나님의 깨우침을 체험했다.

'나는 모든 것을 버렸는데 비로소 나는 모든 것을 가진 자가 되었구나! 이 놀랄 만한 부요함은 어디서 오는 걸까?'

'나의 사랑하는 주님 한 분이 내 마음에 계신 것만으로도 내 삶에 필요하고도 충분한 생명의 샘이 되는구나.'

하나님께서 모세에게 하신 말씀이 생각났다.

"네 손에 있는 것이 무엇이냐?"

"지팡이니이다."

"그것을 땅에 던지라."

그러자 지팡이가 뱀이 되었다.

"그 꼬리를 잡으라."

그러자 뱀은 다시 지팡이가 되었다(출 4:2~4).

모세가 의지하던 지팡이는 그를 해치는 뱀일 수도 있지만 홍해를 가르는 능력의 지팡이도 되었다. 나는 모세가 지팡이를 던진 것처럼 내가 의지하던 의사라는 직업을 버리기로 했다. 세례의식의 참된 영적 의미를 내 삶에 실현할 단계에 온 것이다. 내가 가진 모든 것을 장사 지내고 물속에서 나올 때는 주님의 부활하신 생명과 함께 거듭나는 하나님 나라의 비밀을 내 삶에서 증거하게 될 것이다. 죽어야 살고, 버려야 얻는 하나님 나라의 비밀을 찾게 될 것이다.

"내가 그리스도와 함께 십자가에 못 박혔나니 그런즉 이제는 내가 사는 것이 아니요 오직 내 안에 그리스도께서 사시는 것이라 이제 내가 육체 가운데 사는 것은 나를 사랑하사 나를 위하여 자기 자신을 버리신 하나님의 아들을 믿는 믿음 안에서 사는 것이라"(갈 2:20).

나는 이 말씀으로 마음 깊은 곳의 할례를 받았을 뿐만 아니라 보이는 삶에서 구체적으로 나를 내려놓을 준비를 마쳤다.

"큰 자는 어린 자를 섬기리라 하셨더라"(창 25:23).

야곱은 태어날 때 이미 하나님의 축복을 받았다. 그러나 그는 이 축복을 지키기 위해 인간적으로 할 수 있는 모든 일을 다했다. 형으로부터 장자의 명분을 샀고 어머니와 짜고 아버지 이삭을 속여 축복을 가로챘다. 그 탓에 집에서 도망쳐 멀리 삼촌 집에서 기식해야 했으나 마침내 고향으로 돌아올 때는 세상적으로 모든 것을 가진 자가 되었다.

그러나 야곱은 고향땅이 점점 가까워 올수록 에서를 만날 일이 걱정이었다. 마침내 얍복 강가에서 자신을 죽일지도 모르는 에서에 대한 두려움 앞에서는 자신이 소유한 모든 재물이 소용없음을 깨닫게 되었다. 우리에게도 이런 때가 올 것이다. 우리 역시 야곱처럼 우리가 가진 재물도 명예도 사랑하는 가족도 우리를 구원할 수 없으며, 오직 "네가 오늘 나와 함께 낙원에 있으리라" 하신 주님의 말씀밖에는 의지할 게 없다는 것을 깨닫는 때가 올 것이다.

야곱은 평생 자기의 지식과 경험을 믿고 살았다. 그런데 얍복 강가에 이르러 "야곱은 홀로 남았더니 어떤 사람이 날이 새도록 야곱과 씨름"(창 32:24)했다고 기록됐다. 이 씨름은 어떤 사람이 먼저 씨름을 걸어서 시작된 것이다. 평생을 자기 지혜와 능력으로 산 야곱은 새벽까지 씨름을 하다가 어떤 사람이 환도 뼈를 치는 순간 그분의 가슴에 얼굴을 묻고 숨을 헐떡이며 비로소 그분이 하나님임을 알았다.

"나로 가게 하라."

"당신이 축복하지 않으면 가게 하지 아니하겠나이다."

하나님은 야곱의 이 한마디를 듣기 위해 25년을 기다리셨다. 마침내 야곱의 항복을 받아 낸 하나님은 "네가 하나님과 사람으로 더불어 이기었음이니라" 하셨다. 야곱이나, 40년 동안 광야에서 헤맨 이스라엘 민족이나 나 자신을 의지하지 않고 하나님을 철저히 인정하고 전적으로 하나님께 의지하겠다는 항복을 하기까지 오랜 시간이 걸렸다. 나 역시 야곱처럼, 이스라엘 민족처럼 하나님 앞에 두 손을 들고 항복했다.

나는 병원에 사표를 쓴 다음 내가 인도하던 청년들을 데리고 중남미에 있는 벨리즈(Belize)라는 나라에 단기선교를 떠났다. 6월의 폭염 중에도 우리는 거리에서, 고아원에서, 교도소에서 복음을 전했고 300여 명의 결신자를 얻었다. 청년들은 열정적이고 헌신적으로 복음을 전했다. 나는 '이렇게 하나님 나라가 가는 곳마다 역사하고 있지 않은가!' 하며 나의 결정을 잘한 일이라고 다시 한 번 확인했다.

그런데 돌아와 집에서 쉬고 있는데 어셜 박사로부터 전화가 왔다.

"리틀록(Little Rock)의 아칸소(Arkansas) 주립대학에 심장외과 레지던트 자리가 생겼는데 인터뷰 갈 생각이 있어?"

나는 자리에서 벌떡 일어났다.

"7월에 시작이라면 이제 2주밖에 남지 않았는데 어찌된 일이지요?"

"가 보겠다는 건가, 안 가겠다는 건가?"

"당연히 가 봐야지요."

"다음 주 월요일에 가 보게."

맙소사! 오늘이 금요일인데 3일 후에 인터뷰를 한다는 것이다. 나는 무작정 주일에 리틀록으로 갔다. 호텔에서 자고 월요일 아침에 일어나 성경을 펴고 하나님과 마주앉았는데 하나님께 여간 미안한 게 아니었다. '며칠 전까지만 해도 신학교에 간다더니 내게 물어보지도 않고 여기까지 단숨에 뛰어왔느냐?' 하시는 것 같았다.

나는 반듯하게 앉아 성경을 펴기 전에 기도부터 했다.

"하나님, 제가 너무 오랫동안 의사로서 어려운 길을 걸었더니 이렇게 생각지도 못한 기회가 주어지자 정신을 차릴 겨를도 없이 여기까지 왔습니다. 용서해 주세요. 저는 그냥 신학교에 가서 주님의 종이 되는 것도 괜찮으니, 어쨌거나 주님께서 제게 확실히 말씀해 주시면 순종하겠습니다."

그런 다음 말씀을 폈다.

"너희의 하나님 여호와께서 이 땅을 너희 앞에 두셨은즉 너희 조상의
하나님 여호와께서 너희에게 이르신 대로 올라가서 차지하라 두려워
하지 말라 주저하지 말라"(신 1:21).

이 말씀을 읽는 순간, '아, 하나님께서 의사의 길을 계속 가라고 하시
는구나' 하는 생각이 들었다. 그리고 그날 하루 종일 인터뷰를 하는 동
안 이 말씀이 마음에서 떠나지 않았다. 인터뷰를 마치자 과장 선생님이
원래 여기 오기로 한 사람이 갑자기 오지 못하게 되어 급한 상황이라며
이번 주에 몇 명 더 인터뷰한 뒤 금요일쯤에 전화 주겠다고 말했다.

'아무리 그래도 하나님이 나를 위해 정한 자리를 어찌할 수 없을걸!'

무슨 자신감인지 나는 속으로 이렇게 확신했다. 그런데 놀랍게도 금
요일에 연락 준다던 과장 선생님이 수요일에 전화를 했다.

"당신이 다녀간 후 모임을 가졌는데 다른 사람들을 더 보지 않기로
했습니다. 7월 1일부터 일을 시작했으면 좋겠습니다."

이것이 하나님이 문을 닫으면 열 자가 없고 문을 열면 닫을 자가 없
다고 한 말씀의 뜻이란 말인가? 내가 갈 약속의 땅은 신학교가 아니라
아칸소 주립대학 병원을 지나야 가는 곳이구나 싶었다. 사실 내게 이런
기회가 주어진 것은 기적이었다. 왜 내정된 사람은 이렇게 어렵게 구한

자리를 거절할 만큼 급한 일이 생겼으며, 아칸소 주립대학 병원은 그들의 서랍에 있을 수많은 지원자들의 이력서를 살펴서 레지던트를 찾지 않고 닥터 어셜에게 전화했으며, 닥터 어셜은 왜 6개월이나 남은 계약 기간을 무시하고 사표를 내던진 나를 추천했는가?

하나님을 처음 만났을 때, 그리고 휴스턴에서 창세기 1장 1절을 써 놓고 하나님의 음성을 들었을 때처럼 나는 이전과 전혀 다른 세상에서 깨어난 듯 신비로운 체험을 했다. 하나님은 한순간에 내 생각을 뒤집으시고 구름 속에 가리워진 것들을 현실로 드러내시며 새로운 세상에 눈을 뜨게 하셨다. 사실 신학교로 간다고 결정은 했지만 하나님으로부터 말씀으로 응답을 받지 못해 마음 한구석에 의심이 있었다. 그런데 하나님은 하나님의 때에 분명한 말씀으로 갈 길을 인도해 주셨다.

나는 이때 침묵하시는 하나님의 응답을 알았다. 신학교에 가기로 결정할 때까지 하나님은 사실상 침묵으로 내 기도에 응답하신 것이었다. 하나님의 자녀로 어떤 성숙한 결정을 내리는지 지켜보시고 주님 앞에 두 손 들고 항복하는 순간 하나님은 새 길을 열기 시작하셨다. 나는 이 시험에 통과한 것이다.

하나님의 증거

당시 아내는 처형이 몸이 아프다는 소식을 듣고 아이들을 데리고 서울에 다니러 가고 없었다. 워낙 급하게 일이 진행되다 보니 나 혼자 댈러스에서 리틀록으로 이사해야 했다. 그렇게 나는 7월부터 아칸소 주립대학 병원에서 새로운 각오와 열정으로 일을 시작하게 되었다.

그런데 하나님은 나를 이 길로 인도하셨다는 확실한 증거들을 보여주셨다. 심장외과는 내과와 달리 학문적인 지식뿐만 아니라 수술을 잘하려면 손에 재능이 있어야 하는데, 나는 일을 시작한 지 얼마 안 돼 '인간 재봉틀'(Human Sewing machine)이라는 별명을 얻으며 순식간에 유명한 사람이 되었다. 심장수술은 심장을 멈추고 수술을 해야 하기 때문에 항상 시간과 싸워야 했다. 심장을 짧게 멈출수록 경과가 좋기 때문이다. 나는 대부분의 심장수술을 1시간 반에서 2시간이면 해치웠다. 나는 아직 수련의에 불과해서 수술실에 들어가면 주치의로부터 지시를 받아야 했는데, 나한테는 가르칠 것이 없다며 알아서 하라고 했다. 뿐만 아니라 내가 온 뒤로 사망률이 급격히 떨어졌는데 이는 내가 수술을 잘한 덕분이라는 소리도 들었다. 환자가 수술을 받아 회복되어 퇴원할 때까지는 수많은 의사와 간호사들의 도움이 필요한데 어찌 나 혼자만의 공이 될 수 있겠는가. 그런데도 나는 황송하게도 이런 칭송을 들었다. 감사한 일이다.

하루는 흉부외과(심장외과와 다른) 과장님과 식도암 수술을 하게 되었다. 그분이 집도를 하고 나는 조수로 들어갔다. 목젖 아래 4cm 정도와 명치 아래 4cm 정도를 열어서 식도를 제거하는 수술이었다. 그런데 과

장님이 목 아래 연 부분으로 손가락을 넣어 식도와 기관지를 분리하다
가 기관지가 파열되는 사고가 났다. 갑자기 환자의 산소 농도가 떨어지
며 상황이 급박하게 돌아갔다. 과장님은 당황하여 환자를 옆으로 눕히
고 흉부를 열자고 했고, 삽시간에 수술실이 아수라장이 되었다. 그때 나
는 침착하게 "과장 선생님, 제가 잠깐 봐도 될까요?"라고 말했다. 지금
도 그때 무슨 용기로 그렇게 말했는지 모르겠다.

"보고 싶으면 빨리 봐."

과장님의 허락을 받고 목 아래 좁은 개찰구를 살펴보니 손가락 끝이
닿을 깊이에 기관지가 파열되어 있는 것이 보였다.

"실 좀 주세요."

간호사에게 실을 받아 두 바늘 꿰맸더니 감쪽같이 봉합되었다. 그때
까지도 손을 부들부들 떨며 황급한 목소리로 이런저런 독촉을 하던 과
장님은 기관지가 봉합된 것을 보고 어이가 없다는 듯이 나를 한참 동안
쳐다보더니 말했다.

"네가 이 구멍으로 저 깊은 곳을 꿰맸다는 거야?"

그렇게 수술은 잘 마쳤고 환자도 잘 회복되었다. 이후 과장님은 내가
무슨 '신기'라도 부렸다는 듯이 두고두고 이 얘기를 했다.

또 하루는 컨퍼런스 룸에서 의사들과 함께 심장 촬영 사진을 보며 회
의를 하고 있는데 흉부외과 과장님이 문을 열고 들어오면서 "피터 정
어디있어?" 하고 외쳤다. 다들 영문을 몰라 놀라서 쳐다보는데 과장님

은 앞으로 나와 갑자기 편지를 읽기 시작했다. 그 편지는 미국 정부의 원호처 장관이 나에게 전해 주라며 보낸 친필 편지였다. 원호처 장관이 지금까지 그 자리에 있는 동안 치료받은 환자가 의사에게 감사한 마음을 담아 자기한테까지 편지를 보내오기는 처음이라면서, 내게 환자들을 친절하게 잘 치료해 줘서 고맙다고 했다.

이런저런 일들로 나는 이 대학 캠퍼스에서 유명인사가 되었다. 한번은 엘리베이터를 타려고 기다리는데 청소하는 분이 나한테 다가오더니 "당신이 피터 정 선생님이세요?" 하면서 "많은 사람들이 당신에 대해 하는 놀라운 얘기를 들었어요. 만나게 되어 영광입니다" 했다. 이것이 하나님이 낮추시면 높일 자가 없고 하나님이 높이시면 낮출 자가 없다는 증거였다.

나는 이런 일들을 겪으며 하나님이 나를 이 길로 인도하심을 확신할 수 있었다. 하나님께서 말씀하시고 내가 순종하면 표적이 따른다는 것과, 그것이 하나님의 뜻을 분별하는 지표가 될 수 있음을 알았다.

나는 의학 책들을 쌓아 두고 다시 읽으며 최선을 다했다. 그리고 매일 하나님의 섬세하신 손길을 체험했다. 가족들이 서울에 있는 동안 나는 저녁에 아파트에 돌아오면 주님 앞에 오랫동안 앉아 있곤 했다. 나는 하나님께서 이렇게 가까이에서 동행해 주시는 것에 너무나 감사했고, 세상에 하나뿐인 아들처럼 대하시는 사랑에 감격했다.

"오늘도 하나님께서 하셨군요!"

이 말은 매일 내 입술로 고백하는 기도가 되었다.

나는 의과대학에 다닐 때부터 막연히 외과에 적성이 맞다고 생각했고 미국에 와서도 자연스럽게 일반외과 수련을 받았다. 이후 하나님의 인도하심을 따랐더니 어느덧 심장외과 의사가 되었다. 나는 내가 무엇을 잘할 수 있는지 잘 알지 못했지만, 막상 심장외과 의사가 되고 나니 이것이 내가 가장 잘할 수 있는 일임을 알게 되었다. 돋보기를 쓰고 1~2밀리미터가량의 가느다란 혈관을 신속하게 꿰매는 것이나 시간을 다투며 해야 하는 심장수술에 남다른 재능이 있음을 알게 된 것이다.

환자들은 "심장수술을 받아야 합니다" 하면 겉으론 아무렇지 않은 척해도 누구나 '죽을지도 몰라' 하며 죽음의 공포를 느낀다. 나는 그래서 더 수술 절차와 과정을 자세히 설명해 주는데, 그러면 환자들이 안심하고 "나는 당신의 손을 믿어요"(I trust your hand) 하거나 "당신 손에 나를 맡겨요"(I am in your hand)라고 답한다. 그런 그들에게 나는 이렇게 말해 준다.

"당신이 믿을 수 있는 더 좋은 손이 있어요"(You have a better hand to trust).

그런 다음 내가 당신을 위해 기도해도 되겠느냐고 묻는다. 대부분의 환자들이 그렇게 하라면서 눈을 감는다. 기도하고 나면 이유는 알 수 없지만 대부분의 환자들이나 보호자들이 눈물을 흘린다. 나는 환자를 향한 복음의 열정과 내가 가장 잘할 수 있는 심장외과 의사로서의 능력으로 인해 아침마다 일하러 가는 것이 너무도 흥분되었다.

우리는 사는 동안 종종 하나님께 내가 가는 길에 대한 지도를 보여 달라고 요청한다. 지도를 하나 주시면 어떻게 하든 주님이 원하시는 곳에 도착하겠다고 장담한다. 그러나 주님은 '내가 곧 길'이라 하신다. 주님과 같이 동행하면 주님의 길이 내 길이 되어 나는 어느새 내가 상상할 수 없는 곳에 도착하리라는 것이다.

때로 우리는 꿈을 달라고 하고 높은 이상을 갖게 해달라고 한다. 그러나 내가 알게 된 하나님은 '너의 이상과 꿈을 버려라' 하신다. 주님 한 분이 내 삶의 모든 것이 되고 나면 내가 꾸는 꿈보다 내가 품은 이상보다 더 크고 높은 곳으로 나를 인도해 주신다. 주님의 길이 내 길이 되고, 그분 한 분을 내 마음 깊이 모시는 것이 나의 모든 꿈이요 이상이 되고 나면, 나는 가장 보람 있고 능력 있는 삶을 누리며, 엄청난 평강이 다스리는 거룩한 곳에서 가슴으로 주님을 찬양할 수 있게 된다. 지금 내가 있는 곳은 거룩한 곳이다.

"네가 선 곳은 거룩한 땅이니 네 발에서 신을 벗으라"(출 3:5).

하나님이 모세에게 하신 말씀이다. 여호수아에게도 말씀하셨다.

"네 발에서 신을 벗으라 네가 선 곳은 거룩하니라"(수 5:15).

광야에서 신을 벗는다는 것은 무슨 뜻일까? 광야에서 신발 없이 단 한 발자국이라도 걸을 수 있을까? 그런 점에서 신발을 벗으라는 의미는 '너는 꼼짝 말아라. 내가 너의 길을 갈 것이다'란 뜻이 아닐까.

하나님께서 그분의 종과 함께 일하시는 곳은 거룩한 곳이다. 하나님의 자녀가 되어 하나님의 생명의 역사를 맛보려면 하나님 앞에 내가 먼저 철저하게 항복해야 한다는 것을 나는 이 사건을 통해 배웠다.

신학교 문턱까지 갔다가 하나님의 인도로 다시 의사로서 살아가게 된 나는 아침마다 집을 나서기 전 환자들, 특히 그날 수술할 환자들을 위해 간절히 기도한다. 그리고 수술실에 들어갈 때는 마음을 정리하고 전적으로 주님을 의지한다. 한 환자의 생명이 내 손에 달렸는데 생명의 주인 되신 하나님께 기도드리지 않을 수 없는 것이다.

"하늘과 땅의 권세를 내게 주신 하나님, 모든 영들이 예수 그리스도의 영에 복종케 하셔서 수술에 참여하는 모든 사람이 한 마음이 되어 이 환자를 수술할 수 있게 해주세요."

수술실은 내게 아주 특별한 예배 장소다. 그래서 내가 선 곳은 거룩한 곳이다. 하나님께서 일하시기 때문이다.

하나님은 때에 따라 내게 초자연적인 임재하심으로 나를 깨우치시지만 대부분의 경우는 나의 감정과 이성의 범위 안에서 하나님을 따르도록 훈련하신다. 내가 주어진 상황에서 하나님의 최선을 생각하고 신실하게 기도하며 어떠한 성숙한 결정을 내리는지 하나님은 지켜보신다.

"죽은 자들이 하나님의 아들의 음성을 들을 때가 오나니
곧 이때라 듣는 자는 살아나리라"(요한복음 5:25).

a heart beats ...

CHAPTER 3

구원의 음성

하나님을 만나고 나의 정체를 알아 가면서
나는 담대해지기 시작했다.
하나님의 사랑은 실제적이고 구체적이었다.

나는 도대체 누구인가

나는 대구시 두산동에서 4남 3녀의 막내아들로 태어났다. 대구시라
고는 하나 변두리에 있어서 시골이나 다름없는 곳이었다. 고등학교 졸
업 후 서울로 진학한 뒤 문학회를 한답시고 허구한 날 작당해서 술을
펐다. 할 말 안 할 말 다 쏟으며 대학생활을 했고 군 복무를 끝내고는
바로 미국으로 왔다. 비록 주머니엔 단돈 700달러와 미국 의사자격증밖
에 없었지만 나는 세상을 다 가진 사람처럼 오만했다. 내 안에 어떤 생
각의 체계를 세워 두고 누구와 대면하든 할 말이 있는 듯 행동했고 의

기양양했다. 미국에서 5년간의 일반외과 수련을 마치고 모교로 돌아가 교수가 되리라는 계획이 있었고, 그러면 내 인생은 그런대로 순풍에 돛 단 배라고 생각했다.

1978년 10월 난생처음 비행기를 타고 뉴욕 공항에 도착했다. 그러나 나는 택시를 잡아타는 순간부터 당황하기 시작했다. 운전기사가 하는 영어를 전혀 못 알아들었기 때문이다. 대학 시절 학교에 방문한 외국인 대학생들을 안내도 한 터라 그런대로 영어를 할 줄 안다고 생각했는데 천만의 말씀이었다. 더구나 아내와 함께 마이애미에 갔을 때 그 광활하고 풍요로운 미국의 모습을 보고 충격을 받았다. 내가 그동안 '우물 안의 개구리'였음을 깨닫는 순간이었다. 말은 알아들을 수 없고 거대한 미국의 규모에 주눅이 들어서 미국에 도착한 지 일주일도 안 돼 나는 기가 팍 죽었다. 전혀 예상 못한 것은 아니었지만 이 정도일 줄은 몰랐다. 고국에 있을 때는 수많은 밤을 친구들과 술 마시며 얘기하느라 지 새웠는데, 미국에 오니 아는 사람이라곤 아내밖에 없고 집을 나서는 순간 벙어리로 지내야 했다. 나는 한순간에 의기소침해졌다.

미국에 온 지 한 달쯤 되었을 때 전화번호부를 뒤져 여기저기 전화해서 집에서 가까운 병원의 외과 조수 자리를 구했다. 그렇게 구한 외과 조수 자리이지만, 막상 병원에서 조수로 불리고 보니 기분이 나빴다. 닥터 정이 아닌 미스터 정이라고 불리는 것이 몹시 야속했다. 더구나 규정상 조수는 의사 식당에서 밥을 먹지 못했다. 자존심이 몹시 상해서 나는 내년에 수련의 과정에 들어가기까지 잠시 조수로 일할 뿐이라고 누가 묻지도 않은 말을 하고 다녔다. 어느 누구도 내 말에 귀 기울여 주지 않았고 그들이 귀 기울일 만큼 말을 하지도 못했다. 나는 점점 외로워졌다.

그러던 어느 날 문득 '나는 도대체 누구인가'라는 질문이 생기더니 도무지 이 질문이 떠나지 않았다. 수많은 사람들에 둘러싸여 닥터 정으로 살다가 아무도 알아주는 이 없는 이 무인도 같은 곳에 버려진 나는 누구인가? 나는 도대체 어디서 와서 어디로 가는 존재인가?

나는 술을 무척 좋아했지만 고국에서는 단 한 번도 혼자 술을 먹은 적이 없었다. 하지만 여기선 상처받은 자존심을 부여안고 혼자 술을 마시는 날이 많았다. 글을 잘 쓰지는 못했지만 대학 시절 '똘배' 문학회를 만들어 토요일 오후면 친구들과 술집에 모여 앉아 문학을 얘기하고 사회 정치를 논하곤 했다. 나는 내가 제법 주관이 뚜렷하고 내 생각을 논리적으로 말할 줄 안다고 생각했다. 하지만 문학도 사회 정치에 대한 뚜렷한 철학도 오늘 내가 처한 현실을 설명하지는 못했다.

대학 시절 나는 실존주의를 맹목적으로 신봉했다. 그래서 매 순간 스스로 선택하고 결정하며 사는 것이 인생의 주인으로 사는 길이라고 믿었다. 그런데 미국행을 결단하고 이행하기까지 나 스스로 선택하고 결정했건만, 미국에서 나는 내 인생의 주인 같지 않았다. 당시 나의 졸업 동기생 7명이 뉴욕과 뉴저지에 살고 있어서 한 달에 한 번 그들을 만나는 것이 유일한 위로였다. 나는 더 이상 지난날 술잔을 비우며 삶을 호령하던 내가 아니었다. 내가 처한 상황에 바득바득 숨이 차서 헐떡일 뿐이었다.

그 무렵 아내는 옆집에 사는 친구를 따라 교회에 다니기 시작했다. 서울에 있을 때 가끔 교회나 성당에 들른 적은 있지만 믿음과는 상관없는 일이었다. 얼마 후 아내가 교회에 가자고 권했지만 나는 단호하게 거절했다. 대학 시절 친구들과 술집에 앉아서 '기독교는 집단 정신질환의 한 현상인가'라는 제목으로 열띤 토론을 하지 않았던가! 그런 내가 어떻게 교회를 다닐 수 있겠는가.

자동차를 구입하고부터는 운전해서 아내를 교회까지 데려다 주고 끝나면 데려오곤 했다. 어쩌다 비라도 오는 날이면 집에 돌아갔다가 오기가 번거롭기도 하고, 아내의 간청도 있고 해서 마지못해 교회에 들어가 앉아 있기도 했다. 그러나 예배당에 앉아 있으면 이방인의 나라 미국보다 더 낯설고 이질적인 기분이 들었다. 눈물을 흘리며 찬양하고 두 손을 들고 "주여, 주여" 부르짖는 모습은 정말이지 집단 정신병자들 같았다. 교회는 없는 신을 있다고 우기며 예배하는 나약하고 무책임한 집단 같았다. 그러다 문득 만일 신이 있다면 나도 한번 만나 보고 싶다는 생각을 했는데, 그러면 순간 내 모습에 깜짝 놀라고 실망스럽기까지 했다. 그래서 더 예배당에 발을 들여놓으려 하지 않았다. 아내도 무슨 깊은 믿음이 있어서 교회에 다니는 것 같지는 않았다.

나를 찾다

그러던 어느 날, 아내가 고등학교 동창이 성경공부 모임에 초대했는데 같이 가지 않겠느냐고 묻기에 나는 단호하게 "생각이 없다"고 말했다. 하지만 아내를 그 집에 데려다주러 같이 나섰고 도착하니 30여 명이 모였는데 식사를 하는지 된장찌개 냄새가 코를 찔렀다. 아내에게 끝나면 데리러 오겠다 하고 집을 나왔는데 다시 우리 집에 돌아갔다가 오기에는 거리가 너무 멀어서 근처에서 기다리기로 했다. 마침 구멍가게가 보여서 캔 맥주와 담배를 사서 그 집 마당에 앉아 맥주를 마시며 아내를 기다렸다.

밤 10시께 구멍가게에서 산 캔 맥주 6개를 다 비울 즈음, 모임이 끝났는지 사람들이 우르르 쏟아져 나오기 시작했다. 사람들을 배웅하러 나온 주인이 나를 보고는 "잠깐 들어오셔서 차라도 한 잔 하고 가세요" 하기에 오랜만에 동창을 만난 아내를 생각해서 그 집으로 들어갔다. 주인은 의사인 자기 친구 얘기로 시작해서 세상 얘기로 대화를 주도하더니 어느새 성경 얘기까지 하고 있었다. 취기 탓인지 나는 무방비 상태로 그의 얘기에 끌려 들어갔다. 그는 성경의 이런 저런 내용들을 설명하더니 다니엘서에 대해 얘기하기 시작했다.

"이 예언서는 수천 년 전에 기록된 것인데 하나님께서 선지자들을 통해 예언한 것들이 그동안 인류 역사에서 그대로 이루어져 왔습니다."

"……."

그러고는 스크랩북 같은 것을 가져오더니 여러 가지 자료들을 대조하며 그 사실을 증명하고는 문득 내게 물었다.

"만약 이것이 사실이라면 하나님은 살아 계신 분임에 틀림없지 않을까요?"

"글쎄요….."

"제가 성경의 주제에 대해서, 또 이 책의 주인공에 대해서 설명을 좀 해도 될까요?"

나는 그가 성경에 대해 공부도 한 듯하고 논리도 그런대로 정연해 보여서 "그러시지요" 하고 허락해 버렸다. 그로부터 새벽 4시가 되도록 그는 성경의 여기저기를 찾으며 설명해 나가더니 마지막으로 요한복음 5장 25절을 같이 읽자고 했다.

"죽은 자들이 하나님의 아들의 음성을 들을 때가 오나니 곧 이때라 듣는 자는 살아나리라"(요 5:25).

내가 그를 따라 이 말씀을 읽자 그는 그 뜻을 해석해 주었다.

"세상에는 많은 사람들이 있지만 그들 중 예수 그리스도의 영이 없는 사람은 죽은 자입니다. 오늘 내가 전한 이 예수님의 말씀을 듣고 진정으로 주님을 영접하면 주님과 함께 다시 살아날 것입니다. 이해가 되시나요?"

"글쎄요… 좀 더 생각해 봐야 할 것 같은데요…."

"그러면 저와 함께 기도하지 않겠어요?"

"그러시죠."

그렇게 그를 따라 기도한 후 그 집을 나서는데 어쩐지 내가 그 집에 들어올 때와는 달라졌다는 생각을 지울 수 없었다. 안개가 자욱한 뉴욕의 새벽길을 달려 집으로 돌아오는데 운전대를 잡은 내 손이 떨렸다. 어쩌면 이것이 그동안 내가 말한 철학적인 구원이니 시적인 구원이니 하는 것들의 대답이 될지도 모른다고 나는 그 밤에 생각했다.

당시 우리가 살던 뉴욕 자마이카라는 동네는 참으로 험악한 곳이었다. 아내와 가장 가까운 친구가 그곳 병원에서 수련의를 하고 있어서 의지가 될까 해서 그 옆집 아파트로 세 들어 살고 있었다. 아파트 문을 열고 나서면 자그마한 공원이 있는데 아내와 나는 그때까지 한 번도 공원에 가본 적이 없었다. 공원에는 주정뱅이와 홈리스들과 마약에 찌든 사람들이 진을 치고 있어서 매우 위험해 보였기 때문이다. 그런데 놀랍게도 그날 아침, 밤새 성경 얘기를 듣고 집에 돌아와 두 시간 눈을 붙이고 병원에 출근하려고 아파트 문을 여는 순간, 그 공원이 한눈에 들어오면서 너무나 아름다워 보였다. 공원에서 자라는 나무들이 살아서 춤을 추는 것 같았고 공원을 이고 있는 하늘도 너무 아름다웠다. 나는 갑자기 딴 세상에 온 것처럼 어리둥절했다. 그 순간 어젯밤 그 집에서 읽은 성경 구절이 생각났다.

"죽은 자들이… 살아나리라"(요 5:25).

그러자 나의 눈이 축축해지며 '지금 내 눈을 새롭게 뜨게 하시고 내 마음 깊은 곳을 만지시는 분이 있구나' 하는 깨달음과 더불어 이루 말할 수 없는 평화와 기쁨이 내 메마른 가슴에 스며들었다.

'아! 이분이 지난 밤 나를 만나 준 주님이시구나.'

나는 성령께서 내게 오셔서 초자연적으로 임재하심을 체험했다. 갑자기 세상이 너무나 아름다워 보였다. 이렇게 아름다운 공원이 여기에 있다는 것을 몰랐다니! 내가 거듭난 생명이 되다니! 내 가슴은 곧 터질 듯이 부풀어 올랐다. 그 옛날 어릴 적 기대던 어머니 품속처럼 따뜻함과 평안함이 넘쳐났다. 그렇게 한참을 서 있다가 느릿느릿 주차장으로 걸어가는데 길거리에 나앉은 주정뱅이들이 사랑스러워 힘껏 껴안아 주고 싶었다. 여느 때 같으면 그들과 눈을 마주치지 않으려고 뛰어갔을 거리였다. 운전을 하고 병원으로 향하는데, 창밖으로 스쳐가는 한 사람 한 사람이 그냥 보이지 않았다. 그들은 과연 내가 만난 하나님을 알까? 이 기쁨을 소유했을까?

단 몇 시간 사이로 변한 나 자신이 나조차 너무 놀랍고 신기했다. 어떻게 한순간에 밤과 낮이 다른 것처럼 내 생각과 마음을 바꿔 놓을 수 있단 말인가! 이것은 책을 읽고 감격해서 어쩔 줄 몰라 하던 것과는 차원이 다른 것이었다. 나는 오랜 방황 끝에 주님을 만난 것이다.

사도 바울이 "내 몸에 예수의 흔적을 지니고 있노라"(갈 6:17) 한 것처럼 주님은 내 마음 깊은 곳에 나만 알 수 있는 흔적을 남기셨다. 하루아침에 주님의 흔적을 갖게 되어 변화된 나는 지난날 멋있다고 여기던 일들이 참으로 허망하고 방탕한 것이었음을 알게 되었다.

'내가 그렇게 주님의 가슴에 화살을 쏘며 살았구나.'

'내가 멋이라고 생각하던 것들이 하나님 앞에선 죄였구나.'

지난날 성경의 참된 진리를 모른 채 무책임하게 쏘아대던 말들이 화살이 되어 내 가슴을 찔렀다. 성경을 읽어 보지도 않고, 기독교에 대해 알아보지도 않고, 남들이 하는 얘기만 듣고 내 생각인 양 제멋대로 떠들지 않았던가! 세상 법정이라면 내 죄는 무고죄에 해당했으리라. 그러나 예수님은 법정에 선 나를 위해 무죄를 주장하셨고 하나님은 예수님으로 인해 무조건 용서해 주셨다.

나는 그날 아침 아버지의 사랑을 깨달았다. 여섯 살 되던 해에 아버지를 잃었기에 지금까지 아버지 사랑이란 걸 모르던 내가 아니던가. 그리고 내 인생의 주인은 내가 아니며 내 삶의 근원에는 죄가 있는 것도 알게 되었다.

180도 돌아선 길

나는 아내가 다니던 퀸즈 한인교회에 출석하기 시작했다. 다시는 발을 들여 놓지 않으리라 결심했던 예배당에 들어가 맨 앞줄에 앉았다. 많은 사람들이 나를 환영해 주었다. 마치 고향에 온 것처럼 따뜻했다.

예배를 드리기 시작하는데 눈물이 앞을 가렸다. 내가 하나님을 알기 전에 말한 대로라면 나야말로 중증 정신병자가 되어 가고 있었다. 찬송을 불러도 설교를 들어도 나는 울고 또 울었다. 죄 많은 곳에 은혜가 더하는 것일까? 술 마시고 방탕하게 사는 것도 모자라 되지도 않은 말로 하나님을 대적하고 하나님을 믿는 사람들을 비판하던 나 같은 죄인을 용서하시고 이토록 따뜻하게 넘치는 사랑으로 만나 주시다니, 나는 감격하고 또 감격했다.

대학 시절, 지금의 아내를 만나 데이트하면서 느끼던 뜨거운 감정이 되살아나기 시작했다. 하루 종일 같이 있어도 헤어지면 아쉬워서 다음 만남을 손꼽아 기다리던 늘 목마른 사랑을 하나님께 똑같이 느꼈다. 하나님은 하루 24시간 동안 내 삶을 점령하시고 내 삶을 바꾸어 가셨다. 그런 하나님의 사랑이 느껴질 때마다 나는 나의 죄 된 모습으로 인해 아팠다.

거반 6개월을 틈만 나면 운 것 같다. 누군가와 얘기하다가도 예수님 얘기만 나오면 속수무책으로 울었다. 그리고 병원과 교회 일 외에는 어떤 것에도 관심이 없어졌다.

하나님을 위해 무언가 하고 싶어서 할 일을 찾다가 주일에 나이 많은 성도님들을 모시러 다니는 일을 하기 시작했다. 또 청년회 일도 하기 시작했다.

'내가 하나님 나라의 일꾼이 되었구나.'

예전엔 한없이 하찮아 보이던 일이 너무 귀하게 여겨졌다. 세상을 보는 눈이 완전히 달라진 것이다.

가정예배도 드리기 시작했다. 번번이 예배를 드릴 때마다 나 같은 사람을 구원하셔서 이 집에서 찬송을 부르고 하나님 말씀을 읽게 하시는구나 싶어 눈물이 앞을 가렸다. 두 살 된 딸이 휴지를 갖고 와서 "아빠 아빠 괜찮아, 괜찮아"(Daddy, daddy, it's ok, it's ok) 했다.

그런데 문제가 생겼다. 내가 이렇게 성령 체험을 깊이 하는 동안 정작 아내는 하나님을 개인적으로 만나는 경험을 하지 못했다. 그저 이국 땅에서 마음의 위로를 얻기 위해 교회에 다녔을 뿐인데 남편인 내가 갑자기 달라진 것이 당황스러웠던 모양인지 하루는 내게 "나는 당신이 좀 지나친 것 같아. 꼭 미친 것 같아" 했다. 그러면서 "이렇게 하루아침에 변해 버린 남자를 어떻게 평생을 믿고 살 수 있을까?"라며 의구심을 내비쳤다.

순간 나는 가슴이 철렁했다. 사실 나는 내게 일어난 이 엄청난 일로 인해 주위를 돌아볼 겨를이 없었다. 평생 살던 방향과 전혀 다른 방향으로 살고 있으니 아내가 내게 이질감을 느끼는 건 당연했다.

아내와 나는 7년 동안 연애해서 결혼을 했다. 우리는 정말 아름다운 사랑을 했다. 아내는 내가 본 여자 중 가장 예뻤고 따뜻했고 상냥했고 건실한 여인이었다. 그런 여인이 나를 좋아해 주는 것이 감사해서 늘 이렇게 말하고 다녔다.

"세상은 참 공평한 거야. 예쁜 여자는 잘생긴 남자만 좋아하지 않고 나 같은 촌놈에게도 가끔 마음을 주니까."

그렇게 사랑하고 감사하게 생각하는 아내한테 그런 얘기를 들으니, 좀 충격이었다. 그러나 다행히 아내는 내가 일시적으로 그러는 것이 아님을 알고 자신도 믿음을 가지려고 노력했다. 하지만 부흥회도 다니고 금식기도를 하러 기도원에도 가고 했지만 좀처럼 믿음을 가질 수가 없는 모양이었다.

나는 15분이면 닿는 거리에 있는 병원을 해변 길로 돌아 40분간 운전하면서 아내를 위해 간절히 기도했다. 그렇게 1년을 기도하며 보내던 어느 날 아내도 드디어 하나님을 깊이 만나게 되었고, 성령의 은사를 받아 뜨거워졌다.

오래 사랑하며 연애하다 결혼했지만 피부를 맞대고 사는 일은 또 다른 차원의 일인지라 우리 부부도 사소한 일로 싸우곤 했다. 그러나 아내가 거듭난 이후 우리 부부는 비로소 영과 육이 하나되는 부부가 되었다. 우리는 모든 생활을 하나님 중심으로 하기 시작했다. 이것은 복음

만이 줄 수 있는 하나님의 능력이었다. 그냥 철학이나 개념이나 이론이 아니라 삶에 실질적으로 나타난 하나님의 능력이었다.

나는 거듭난 후 오랜 갈증에 시달려 온 사람처럼 하나님의 말씀을 읽기 시작했다. 이 말씀은 살아 있는 능력이었다. 나의 겉과 속을 바꾸는 혁명적인 능력이었다. 나의 외면세계는 말할 것도 없고 내면세계까지 급속도로 변화되기 시작했다. 실로 이 말씀은 "혼과 영과 및 관절과 골수를 찔러 쪼개기까지 하며"(히 4:12) 새로운 내면의 영적 질서를 만들어 갔다. 말씀은 내가 살면서 얻게 된 내면의 상처들을 치료했고, 날마다 새로운 깨달음으로 나를 이끌었다.

말씀이 육신이 되어 내 생활 속에 거하시매

하나님을 만난 후 외과 조수로서 일하던 병원을 그만두었다. 정식으로 수련의 과정을 밟으려면 아직 시간이 남아 있어서 다른 병원으로 옮겨 드디어 의사로서 일하기 시작했다. 당직을 서던 어느 날 나로서는 할 수 없는 일이 있어서 선임의사를 불렀더니 새벽에 잠을 깨워서인지 몹시 화를 내며 이렇게 말했다.

"이런 것도 못하면서 무슨 의사라고!"

그가 쏟아 내는 부당하고 억울한 말을 듣고 당직실에 돌아왔는데 너무 속상했다. 간호사가 전화해서 "내일 그 의사가 당신에게 한 부당한 언사들을 보고할 테니 걱정하지 말라"고 했지만 전혀 위로가 되지 않았다. 그러다 무심결에 책상 위에 놓아 둔 성경책을 펼쳤는데 스바냐 3장 17절이었다.

> "너의 하나님 여호와가 너의 가운데에 계시니 그는 구원을 베푸실 전능자이시라 그가 너로 말미암아 기쁨을 이기지 못하시며 너를 잠잠히 사랑하시며 너로 말미암아 즐거이 부르며 기뻐하시리라 하리라"(습 3:17).

천지를 지으신 전능한 하나님께서 나로 인해 기쁨을 이기지 못하신단다. 나는 이 말씀을 읽고 금세 평안을 찾았다. 이 새벽에 주무시지도 않고 내게 일어난 이 하찮은 일로 인해 기다리신 하나님의 사랑이 놀라웠다.

나는 미국에 와 살면서 이 땅이 너무나 광활하고 부유한데 주눅이 들기도 했지만, 무엇보다 이곳 사람들이 키도 크고 잘생긴데다 당당하고 거칠 것 없이 자유로운 모습으로 살아가는 것을 보고 기가 죽었다. 왜소한 외모에 언어까지 안 되니 열등감이 나를 덮쳤다. 하지만 하나님을 만나고 말씀을 통해 나의 정체성을 알기 시작하면서 이 열등감으로부터도 빠져나올 수 있었다.

나는 그동안 내가 보는 나와 남이 보는 나 사이에서 갈등하며 살았다. 아니 사실을 말하면 남이 보는 나를 좀더 멋지게 세우기 위해 대부분의 시간을 보냈다. 외모는 물론이고 학력과 경제력, 사회적 수준에서 남이 알아주는 위치를 점하려고 노력했고, 그 성과에 따라 기뻐하고 슬퍼했다. 내면세계도 이 둘의 갈등으로 힘들어했다. 한쪽에선 긍정적으로 새 희망을 갖도록 하고 사랑하고 기뻐하려 했으나 다른 한쪽에선 '너는 안 돼. 할 수 없어' 하며 부정적으로 위축시키고 나 자신을 미워하도록 했다.

그러나 하나님을 만난 뒤 이 갈등으로부터도 자유로워졌다.

"나를 태 속에 만드신 이가 그도 만들지 아니하셨느냐 우리를 뱃속에 지으신 이가 한 분이 아니시냐"(욥 31:15).

"내가 여호와 보시기에 영화롭게 되었으며"(사 49:5).

전능하신 하나님께서 죄 많고 허물 많은 나 같은 자를 태 속에서 지으시고 나를 영화롭게 하셨단다. 나는 우연히 사고로 태어난 존재가 아니었다.

대학 시절을 떠올려 보면 서울로 진학한 나는 방학이 되면 다만 며칠이라도 어머니가 계시는 고향에 다녀오곤 했다. 서울에서 살며 무참히 깨어진 자신을 움켜 안고 고향에 돌아가면 어머니는 집에서 기르던 닭

을 잡아서 맛있는 상을 차려 주시고는 내가 먹는 모습을 대견한 듯 물
끄러미 바라보셨다. 그런 어머니의 사랑은 축 처진 내 어깨를 으쓱하게
만들었다.

그런데 전지전능하신 하나님께서 나로 인해 기쁨을 이기지 못하신다
니, 더구나 당신의 아들을 기꺼이 십자가에 희생하기까지 나를 사랑하
신다니, 나는 얼마나 귀한 존재란 말인가!

하나님을 만나고 나의 정체를 알아 가면서 나는 담대해지기 시작했
다. 이런저런 자질구레한 일들로 더 이상 힘들어하지 않게 되었다. 나에
대한 하나님의 사랑은 실제적이고 구체적이었다.

> "모든 지킬 만한 것 중에 더욱 네 마음을 지키라 생명의 근원이 이에서
> 남이니라"(잠 4:23).

이 말씀은 내 속마음을 다스리는 하나님의 살아 계신 능력이 되었다.

내가 수련의 과정을 밟을 때였다. 군인 출신의 외과 의사가 있었는데
그는 나를 단 한 번도 인정해 주지 않았다. 아침에 인사를 해도 받아 주
지 않았을뿐더러 내가 옆에 있는데도 다른 사람에게 일을 시켰다. 하지
만 나는 이상하게도 이런 것이 전혀 문제가 되지 않았고 아침이면 언제
나 반갑게 인사했다.

그러던 어느 날, 엘리베이터를 기다리는데 내 옆구리를 쿡 치는 사람

이 있어 봤더니 바로 그였다.

"오늘은 왜 나한테 인사를 하지 않지?"

마음이 바빠 주위를 살필 틈이 없어 그를 보지 못했을 뿐인데 그가 이렇게 따져 물었다. 1년이 넘도록 내 인사를 받지 않더니 오늘은 인사하지 않는다고 트집이었다. 그런데 그날 이후 그는 내게 각별한 관심을 가지고 대해 주었고 시간이 지날수록 꼭 아버지 같은 사람이 되었다.

뉴욕 메소디스트 병원의 외과 수련의 과정은 피를 말리는 혹독한 훈련 기간이었다. 1년 차에 12명을 뽑고 매년 잘라 마지막 5년차에는 3명만 남겨 수료시키는 과정이었다. 매년 40여 명의 외과의들이 모여 다음 해 올라갈 레지던트를 뽑았는데, 그때마다 그는 나의 확실한 후원자가 되었다.

세상은 이처럼 우리를 흔들어 우리가 과연 진짜 믿음의 사람인지를 시험한다. 하나님은 내가 이 시험을 무사히 통과할 수 있도록 내 곁에서 도와주셨다.

대학 시절, 나는 실존주의 철학을 탐닉했다. 인간의 실존은 허무한 것이며, 종국에는 무로 돌아갈 수밖에 없는 우주의 고아와 같은 존재라고 생각했다. 인간은 목적도 없고 길도 없는 인생을 시지푸스처럼 바위를 정상에 끌어올리기를 반복할 뿐이라고 여겼다.

그러나 나는 하나님을 알고 나서 이런 생각들이 터무니없으며, '신은 죽었다'는 따위의 생각들은 어쩌면 또 다른 신을 찾기 위한 노력에 불과하다는 것을 깨달았다. 문득문득 내가 경험한 소위 '하나님의 임재함'이란 어쩌면 모종의 영적 현상이 아닐까 의심하기도 했다. 그러나 단지 우연에 의한 영적 현상이라면 어떻게 이렇게 연관성을 가지고 반복적으로 일어날 수 있겠는가?

나는 내 인생의 주인이 아니다. 내 인생에서 가장 중요한 것들에 대해 내가 선택한 것은 아무것도 없다. 내가 태어난 나라도 민족도 부모와 형제도 외모도 성격도 건강도 나의 선택과 무관하게 결정된 것이다. 심지어 죽는 순간마저도 내 마음대로 결정할 수 없다. 이렇게 우리의 삶에 가장 중요한 것들, 그 어느 하나도 내가 결정한 것이 없다. 그런데도 내가 내 인생의 주인일 수 있는가?

나는 우주의 고아와 같은 존재가 아니라 전능하신 하나님에 의해 특별한 사람으로 지음 받은 존재다. 그분은 나를 고아와 같이 버려두지 않고 보살피고 인도하신다. 설사 부모형제가 나를 버릴지라도 그분은 나를 버리지 않고 끝까지 나를 사랑하며 인도하신다. 그분이 내 삶의 주인이기 때문이다!

> "여인이 어찌 그 젖 먹는 자식을 잊겠으며 자기 태에서 난 아들을 긍휼히 여기지 않겠느냐 그들은 혹시 잊을지라도 나는 너를 잊지 아니할 것이라"(사 49:15).

'나를 이렇게 귀하게 지으신 것처럼 이 세상에 사는 한 사람 한 사람 모두를 하나님께서 귀하게 지으셨구나!'

사람을 보는 나의 눈이 달라졌다. 길을 가다 장애인을 만나도 '나의 영광을 위해' 지으셨다는 하나님의 마음으로 보았다.

나는 산 자와 죽은 자의 관점으로 사람들을 보기 시작했다. '그리스도의 영이 없으면 죽은 자라' 하신 하나님의 말씀에 비추어 사람들을 보기 시작했고 이것이 나로 하여금 사람들을 사랑하게 만들었다.

이렇듯 나는 하나님을 주인으로 모신 인생으로 거듭났다. 새 사람이 되었다!

PART 2

마침내 멈추지 않는
심장을 달다

"하나님이여 사슴이 시냇물을 찾기에 갈급함같이
내 영혼이 주를 찾기에 갈급하니이다"(시편 42:1).

a heart beats ...

CHAPTER 4

말씀을 먹다

하나님의 음성을 들어야
하나님이 원하시는 삶을 살아 낼 수 있다.

믿음으로 믿을 수 없는 것을

나는 거듭난 후 급속도로 내면세계의 변화를 경험하게 되었다. 30여 년을 살아온 나의 가치관, 역사관, 세계관이 나를 붙잡고 쉽게 놓으려 하지 않아서 말씀을 접할 때마다 나의 내면은 실로 전쟁터를 방불케 했다. 그럴수록 나는 하나님의 말씀이 너무나 갈급했다.

성경을 읽을 때면 도무지 믿어지지 않는 내용들이 너무 많았다. 과학적이고 이성적인 기준에서 수긍할 수 없는 내용들을 만나면 일단 판단을 보류했지만, 혼란스러운 것은 어쩔 수 없었다. 어떤 사람은 "네 속에 아직 사탄이 있어서 그러니 쫓아내라”고 했지만 그리 간단한 일이 아니었다. 주님을 만난 것도 확실하고 생각과 삶이 변한 것도 의심의 여지가 없지만, 오랫동안 나를 지탱해 온 그 무언가가 때를 따라 믿음의 근간을 흔들고 있었다.

나는 기적적인 하나님의 임재를 체험하며 주님을 만났는데도 예수님이 행하신 기적들을 믿을 수가 없었다. ‘사람은 눈으로 본 것은 더욱 믿지 않는다’는 말은 이런 경우를 두고 한 말인가 보다.

당시 나의 신앙생활을 인도해 준 장로님이 있는데, 그는 혈관외과 의사로 살아 있는 성자 같은 분이었다. 차를 팔아 교회 건축헌금을 낸 뒤 전철과 버스를 갈아타며 병원에 출퇴근하셨다. 나는 장로님을 찾아가 성경에서 이해할 수 없는 부분들을 따져 물었다. 장로님은 내 질문에 언제나 성심껏 답해 주셨지만, 어떤 것은 시원하지 못한 것도 있었다.

그러던 어느 날 수요예배에 참석하기 위해 퇴근하자마자 곧바로 교회로 향했는데, 예배를 인도하시던 전도사님이 설교를 마친 뒤 다 같이 기도하자고 하셨다. 그러고는 두 손을 들고 “주여~”를 세 번 외친 뒤 합심하여 큰 소리로 기도하자고 하셨다. 나는 하나님이 귀가 어두우신 것도 아닌데 왜 큰 소리로 기도해야 하는지 이해할 수 없었지만, ‘까짓, 해보자’ 싶어 손을 들고 큰 소리로 “주여”를 외쳤다.

그런데 불과 몇 초 지나지 않아 누가 내 어깨를 두드려서 눈을 뜨고 돌아보니 아무도 없었다. 팔을 올리고 크게 소리 질러서 어깨 근육에

경련이 일어났나 하며 다시 눈을 감고 기도하는데 이번에는 누군가가 나의 올린 팔을 잡고 나를 공중으로 들어 올리는 게 아닌가. 그 순간 나는 '하나님이시구나' 하고 직감했다. 그러자 내 마음속에 말로 형용할 수 없는 평안과 기쁨이 넘쳤다. 내 몸이 솜처럼 가벼워져 하늘을 오르는 황홀경에 젖어들었다. '아, 이것이 천국이구나' 하는 순간 나는 다시 원래대로 돌아왔다. 짧은 순간이지만 놀라운 하나님의 임재하심을 체험한 것이다. 예배 후 목사님을 찾아가 방금 내가 경험한 것을 얘기했더니 목사님은 그저 "좋은 것이야, 좋은 것이야" 하셨다.

나는 삶에 고비가 생길 때면 이때의 경험을 떠올리며 마음의 평안을 되찾곤 한다. 한번은 비행기를 타고 가다가 기류 변화로 기체가 몹시 흔들려 당황한 적이 있는데, 그때도 이때의 경험을 떠올리며 마음의 평안을 찾았다. 언젠가 육신의 옷을 벗는 날 나는 이 천국의 신비한 평안으로 돌아갈 것을 확신한다.

이 일이 있은 후 놀랍게도 그토록 믿어지지 않던 성경 말씀이 믿어지기 시작했다. 말씀을 믿지 못하는 나의 마음을 이날 성령께서 깨신 것이다. 이제는 도리어 내가 이 말씀을 왜 믿지 못했는지 이해할 수 없게 되었다. 말씀이 믿어지니 성경 읽기가 더 재밌어진 것은 물론이었다.

이 깊은 죄

말씀은 내가 자격으로는 하나님의 자녀가 되었지만 실제로는 갈 길이 먼 사람이라는 사실을 일깨워 주었다. 하나님을 알기 전에 몸에 익힌 죄된 습성들이 순간순간 깨어났기 때문이다. 내 마음속에는 아직도 하나님을 대적하는 그릇된 생각과 습관과 논리들이 우글거렸다. 초자연적인 체험들을 하게 하셔서 내 생각을 바꾸고 마음을 변화시키셨건만, 나는 때때로 하나님을 전혀 모르는 사람처럼 행동했다. 그때마다 나는 깜짝깜짝 놀라며 아직 갈 길이 멀었음을 한탄했다.

'이 죄의 뿌리는 도대체 어디가 끝이란 말인가?'

나는 때로 단기기억상실증(short-term memory loss) 환자처럼 굴었지만, 그럼에도 하나님의 말씀은 나의 죄된 습성을 보게 하였고 그것을 고치는 능력이 되었다. 말씀은 '눈 감은 죄인'이던 나를 '눈뜬 죄인'이 되게 해줬다. 주님을 알기 전에는 죄가 무엇인지도 모르다가 이제 죄에 대해 눈을 뜬 것이다. 바로 그 자리에서 나는 자라야 했다. 말씀은 지금까지 살면서 내가 구축해 온 경험과 교육과 관습과 생각이 한낱 편견에 지나지 않음을 일깨웠다. 그리고 내가 구축한 세계관이 변하지 않는 한 나는 참된 크리스천이 될 수 없음을 깨우쳤다.

그러나 30여 년을 같이한 그것은 여리고 성처럼 단단했다. 하루아침에 무너뜨릴 수 없었다. 하지만 하나님의 말씀은 '영과 골수를 쪼개며'

담을 헐기 시작했다.

"자녀들아 너희는 하나님께 속하였고 또 그들을 이기었나니 이는 너희 안에 계신 이가 세상에 있는 자보다 크심이라"(요일 4:4).

이 말씀이 내 삶에서 역사하기 시작했다. 내 속에 있는 죄는 어떤 관념이나 지식이 아니라 능력을 가진 생물처럼 나를 요동케 했다. 더구나 그것을 다스리는 배후가 있음도 알았다. 나는 말씀을 읽을 때마다 이 배후의 정체가 드러나고 무너지고 깨지는 것을 경험했다. 그리고 무엇보다 지금 당장 내가 해야 할 가장 시급하고 우선할 일은 하나님 앞에서 회개하는 일임을 알았다.

"그러므로 너희가 회개하고 돌이켜 너희 죄 없이 함을 받으라 이같이 하면 새롭게 되는 날이 주 앞으로부터 이를 것이요"(행 3:19).

말씀이 하실 일이 있고 내가 할 일이 있다. 나는 사탄이 놓아 둔 세상과 연결된 다리를 과감히 자르고 가던 길을 돌아서야 주님 앞에 이를 것이다. 일주일에 두 번 교회에 나가 말씀을 듣는 것으로는 나의 갈급함을 해소할 수 없었다. 이제 겨우 말씀이 믿어졌으면서 성경 전체의 주제를 하루 속히 알고 싶어 안달이 났다. 도대체 성경은 무엇을 위해,

누구를 위해, 어떤 주제로 씌어진 것인지 알고 싶었다.

어느 날 어떤 분이 설교 테이프 묶음을 내게 주었다. 한국에서 유명한 목사님의 강해설교 테이프였다. 나는 받자마자 단숨에 다 들었고, 이후 소위 한국 교계의 40대 기수라고 일컬어지는 목사님들의 강해설교를 구해 듣기 시작했다. 몇 개월 동안 집중해서 말씀을 듣고 성경을 읽고 했더니 마침내 성경을 보는 눈이 생겼다.

성경의 주제는 의외로 간단했다. 바로 '예수님'이었다. 성경 어디를 보나 가리키는 한 곳이 있으니 그것은 바로 '예수님의 탄생과 십자가에 죽으심과 부활과 재림에 관한 얘기'였다. 그리고 이것은 죽음과 생명에 관한 얘기였다.

세상은 성경을 도덕책으로 끌어내리고는 크리스천들에게 높은 도덕성을 요구한다. 그러나 성경은 '성자면 뭐 하나. 죽은 자인 것을'이라고 말씀하고 있다. 일단 살고 봐야 도덕성을 얘기할 수 있는 것이 아닌가. 또한 정곡을 찌르는 질문을 피하기 위해 도덕성을 들고 나오는 것일 수도 있다. 도덕성으로 말할 것 같으면 기독교만큼 높은 도덕적 헌신을 요구하는 종교가 있을까? 세상의 어떤 종교가 "이 뺨을 치는 자에게 저 뺨도 돌려대며", "일곱 번을 일흔 번까지라도 용서하라"고 가르치는가.

"그리스도의 영이 없으면 죽은 자"라고 성경은 증거하고 있다. 세상에는 걸어 다니는 죽은 자가 많다는 의미다.

"의인은 없나니 하나도 없으며"(롬 3:10).

"다른 이로써는 구원을 받을 수 없나니 천하 사람 중에 구원을 받을 만한 다른 이름을 우리에게 주신 일이 없음이라"(행 4:12).

어떤 인간도 의인이 아니며, 오로지 예수님을 통해서만 의인이 될 수 있고 하나님이 주시는 생명을 가질 수 있다. 하나님은 말씀으로 나를 훈련하셨다. 그리고 이 훈련은 그리스도 예수의 날까지 계속될 것이다.

"너희 안에서 착한 일을 시작하신 이가 그리스도 예수의 날까지 이루실 줄을 우리는 확신하노라"(빌 1:6).

영생은 나를 아는 것이다

한 사람이 그리스도의 제자가 되기 위해서는 가장 기본적인 두 가지가 있어야 한다. 매일 하나님의 말씀을 대하는 무조건적인 순종이 필요하고, 육신과 정욕과 세상과 통한 일체의 문을 닫고 주님 앞에 매일같이 무릎 꿇는 기도의 시간이 필요하다. 우리가 주님의 보혈로 구원받았다는 증거는 먼저 이 두 가지로 나타나야 한다. 그리고 적어도 이 두 가지를 할 수 있는 제자를 삼았다면 그런대로 홀로 샘에서 물을 길어 올릴 수 있는 그리스도의 제자가 된 것이다.

신앙생활은 교회생활이 아니다. 일주일 동안 하나님과 상관없이 세상이 하자는 대로 살다가 고작 주일날 하루 교회에 나와 예배드리는 것은 교회생활이지 신앙생활이 아니다. 주일예배 때 대표기도 하는 분들이 공통적으로 자주 하는 말이 있다.

"세상에 살면서 죄 속에 빠져 산 죄를 용서해 주시고 새로운 복을 내려 주소서."

마치 아편쟁이가 아편을 맞으면 반짝 소생하는 것처럼 교회생활자들은 교회에 와서 잠깐 소생하기를 바라는 것 같다. 우리는 왜 "살아 계신 주님이 우리로 하여금 승리하는 삶을 살게 하신 것을 찬양합니다"라는 기도를 드릴 수 없는가! 매일의 삶에서 말씀을 통해 하나님의 음성을 듣고, 임재하신 그분과 동행할 수 있어야 승리하는 크리스천의 삶을 살 수 있다.

"볼지어다 내가 세상 끝날까지 너희와 항상 함께 있으리라 하시니라 (마 28:20).

예수님은 세상 끝날까지 우리와 항상 함께하겠다고 약속하셨다. 그리고 약속하신 대로 오순절 마가의 다락방에 성령이 임하여 우리와 항상 함께하신다. 그분은 "말할 수 없는 탄식으로 우리를 위하여"(롬 8:26)

우리와 함께하신다.

복음성가 중에 '성령이 오셔서, 성령이 오셔서'라는 찬송이 있다. 이 찬송은 일생에 한 번 부르면 족한 찬송이다. 믿지 않던 자가 주님을 만났을 때 부르는 찬송이다. 성령은 지금 내게 와 계시는 것보다 더 가까이 오실 수가 없다. 아들을 십자가에 못 박고 보내 주신 보혜사는 우리 마음 가장 깊은 곳에 오기를 원하신다. 그러나 정작 우리는 이 성령을 밖으로 몰아내려고 한다.

"볼지어다 내가 문 밖에 서서 두드리노니"(계 3:20).

주님께서 말씀하셨다. 그런데 바로 윗절 본문에 "내가 사랑하는 자를 책망하여 징계하노니" 하셨다. 다시 말하면 주님께서 이미 주님의 제자가 된 자들에게 "내가 문 밖에서 두드리노니" 하신 것이다.

주님을 주님으로 모시고도 마음 밖으로 몰아내고 살아가는 크리스천의 실상이 이렇다. 우리 마음에 말씀이 거할 곳이 없어서 주님이 문 밖에서 서성거리고 있는 것이다. 주님을 영접하고 하나님의 자녀가 되었다면, 그분의 종이 되었다면, 종은 주인이 무슨 말을 하는지 알아야 종으로서 소임을 다할 수 있다. 주인의 말씀도 이해하지 못하면서, 주인의 말씀에 귀를 기울이지도 않으면서, 어떻게 종이 될 수 있겠는가.

"하나님께 속한 자는 하나님의 말씀을 듣나니 너희가 듣지 아니함은 하나님께 속하지 아니하였음이로다"(요 8:47).

이 말씀은 모든 크리스천들이 심각하게 받아야 하는 주님의 경고다.

큐티책을 보면 오른쪽 페이지는 빈 칸으로 남겨져 있는데 매번 '하나님은 어떤 분이십니까'라는 질문이 있다. 크리스천의 삶은 처음부터 끝까지 하나님이 어떤 분이신가를 알아 가는 여정이다. 교회에서 직분을 가지는 것도 선교를 하는 것도 그 일을 통해 하나님을 알아 가는 것이 첫 번째 목표여야 한다.

어느 날 아침 딸에게서 전화가 왔다.

"아빠…."

아침 등굣길 차를 몰고 나간 딸이 날 부르며 울고 있었다. 나는 직감적으로 딸이 교통사고를 당했다는 것을 알 수 있었다.

"다친 데는 없고? 어디야?"

딸은 더 이상 말을 잇지 못하고 울기만 했다. 나는 하던 일을 그만두고 단숨에 달려갔다.

"이 차는 새로 사면 되지만 너는 내게 하나뿐인 딸이잖아. 다치지 않은 것이 너무 감사하다."

나는 딸을 꼭 껴안고 위로했다. 내 딸은 아버지를 너무나 잘 안다. 전화해서 울기만 해도 아버지는 무슨 일인지 알고 열일 제쳐두고 달려올 줄 안다. 이처럼 아는 것이 믿음의 기초다. 길에서 만난 낯선 사람에게 귀중품을 맡길 수 없는 것은 그를 알지 못하기 때문이다. 주님께서 말씀하셨다.

> "영생은 곧 유일하신 참 하나님과 그가 보내신 자 예수 그리스도를 아는 것이니이다"(요 17:3).

믿음의 크기는 예수님을 아는 크기와 비례한다. 나는 사람을 만나면 자주 이런 질문을 한다.

"예수님은 당신에게 어떤 분이십니까?"

예수님에 대해 아무것도 아는 것이 없거나 할 말이 없는 사람은 교회에서 어떤 직분을 갖고 있든 어떤 활동을 하든 믿음이 없는 사람이다. 주님의 제자는 구체적이고 개인적으로 주님을 안다. 기도할 때도 이렇게 저렇게 말하지 않아도 단지 "주여…" 하는 한마디에 아버지는 자녀의 음성을 알고 달려오신다. 자녀가 왜 아버지를 부르는지, 어떤 도움이 필요한지 잘 아신다. 하나님이 언제 화내고, 기뻐하며, 무엇을 원하시는지 알면, 아무리 좋아도 멈출 줄 알고, 아무리 힘들어도 끝까지 사명을 완수하게 된다.

"하나님의 뜻을 알고 싶습니다. 내가 어떤 전공을 해야 할지…."

나는 자신의 삶에서 하나님이 계획하신 일이 무엇인지 알고 싶다는 사람을 만나면 이렇게 대답해 준다.

"아침마다 하나님을 알아 가는 것이 하나님의 뜻입니다."

그러면 그들은 이렇게 묻는다.

"지금 당장 결정할 일이 있는데 태연하게 말씀을 보라고요?"

하나님은 시간을 초월해서 계시는 분이다. 하나님은 하나님의 때에 우리가 살면서 갖게 되는 모든 질문에 단 한 가지로 응답하신다.

"예수 그리스도를 알게 하심으로!"

하나님을 알아야 하나님의 뜻을 알 수 있다. 말씀에서 하나님의 음성을 들어야 하나님이 원하시는 삶을 살아 낼 수 있다.

나는 처음 미국에 왔을 때 영어 때문에 애를 먹었다. 특히 간호사가 전화에 대고 하는 말을 도무지 알아들을 수 없었다. 그래서 전화가 오면 일단 병동의 위치를 확인하고 달려가 천천히 말해 달라고 했다. 간호사가 큰 소리로 또박또박 "환자가 열이 난다고요" 하면 "타이레놀을 주세요" 하고 당직실로 돌아오곤 했다. 창피하긴 했지만 그래도 실수하지 않아서 감사했다. 알아듣지 못하고 실수해서 사고가 나면 큰일이지 않은가.

마찬가지로 우리는 주님의 음성을 들을 수 없어서 주님의 뜻과 상관없는 일을 하고 말을 하고 있는지도 모른다.

"순종이 제사보다 낫고 듣는 것이 숫양의 기름보다 나으니"(삼상 15:22).

하나님은 우리가 먼저 그분의 음성에 귀 기울이는 자녀이기를 원하신다. 우리가 마음의 문을 열고 하나님 앞에 앉기만 하면 하나님은 언제든지 확실한 음성으로 말씀해 주신다. 이것은 성경적 지식이 많고 적고와 상관이 없다. 우리가 어린 아이를 대할 때 그 아이 수준에 맞는 말을 하고 그 아이의 말투를 따라 하듯이, 하나님은 우리의 믿음의 연령에 따라 우리가 알아듣기 쉽도록 말씀하신다. 우리는 혹시 말씀을 잘못 적용했으면 어쩌나 하는 걱정을 하지만, 하나님은 우리가 말을 잘못 알아들으면 반복해서 말씀하신다.

우리 가족은 매일 저녁식사 후 가정예배를 드렸다. 큐티책을 한 권씩 줘서 각자 큐티를 한 다음 저녁에 모여 나누는 시간을 가졌다.

"하나님께서 오늘 뭐라고 말씀하셨지?"

가정예배를 여는 나의 질문이다. 아이들은 그러면 "하나님이 오늘 말씀하시기를…"(God told me today…) 하는 말로 말문을 연다. 나는 우리 아이들이 평생토록 "하나님이 오늘 말씀하시기를…" 하는 말로 하루를 살아갈 수 있기를 기도한다.

광야의 교훈

나처럼 11년이라는 긴 세월 동안 수련의 과정을 거친 의사는 아마 거의 없을 것이다. 이 긴 시간을 훈련받으며 나는 하나님께서 이스라엘 민족을 40년 동안 광야 길을 걷게 하신 섭리를 깨달았다. 40년 동안 광야를 지나온 이스라엘 백성은 드디어 가나안 땅에 들어가기 전 요단강을 마주한 동편 땅에 모였다. 그러자 모세가 설교하기 시작했다.

"호렙 산에서 세일 산을 지나 가데스 바네아까지 열 하룻길이었더라"
(신 1:2).

모세가 설교를 시작하며 첫 번째 한 말이 이것이다. 과연 모세는 어떤 감정으로 이런 말을 했을까? 내 생각엔 "이 어리석은 바보들아, 열하루면 갈 수 있는 길을 너희들은 40년이나 걸려 왔어!" 하는 것 같다. 모세는 그런 다음 하나님이 그렇게 하실 수밖에 없었던 이유를 설명한다.

"네 하나님 여호와께서 이 사십 년 동안에 네게 광야 길을 걷게 하신 것을 기억하라 이는 너를 낮추시며 너를 시험하사 네 마음이 어떠한지 그 명령을 지키는지 지키지 않는지 알려 하심이라 너를 낮추시며 너를 주리게 하시며 또 너도 알지 못하며 네 조상들도 알지 못하던 만나를 네게 먹이신 것은 사람이 떡으로만 사는 것이 아니요 여호와의 입에서 나오는 모든 말씀으로 사는 줄을 네가 알게 하려 하심이니라"(신 8:2~3).

이것은 정확하게 내 삶에서 일어난 일이다. 11년이란 긴 훈련 과정을 거치는 동안 나는 내가 떡으로만 결코 살 수 없다는 것을 깨달았을 뿐만 아니라 오직 하나님의 말씀에 의지하여 사는 길을 배웠다.

"애굽에서 나온 자들이 이십 세 이상으로는 한 사람도 내가 아브라함과 이삭과 야곱에게 맹세한 땅을 결코 보지 못하리니 이는 그들이 나를 온전히 따르지 아니하였음이니라"(민 32:11).

하나님을 알기 전에 이미 몸에 배어 있던 불순종의 삶이 광야에서 온전히 죽어야만 비로소 약속의 땅에서 승리하는 그리스도의 제자로 살 수 있다. '하나님의 입에서 나오는 모든 말씀으로' 살 수 있다.

"기도를 계속하고 기도에 감사함으로 깨어 있으라"

(골로새서 4:2).

a heart beats ...

CHAPTER 5

기도의 무릎을 꿇다

어려운 일이 있거나 중요한 결정을 해야 할 때면,
밤새도록 기도로 하나님과 씨름했다.
그러면 하나님은 언제나 응답해 주셨다.

쉬지 않고 기도하기

하루는 병원 일을 끝내고 집에 돌아가기 위해 차에 시동을 거는데 순간 찬송이 흘러나오며 내 영혼에 불이 켜지는 느낌이 들었다.

'오늘 하루 종일 일하는 동안 주님을 한 번도 생각하지 않았구나!'

집에 돌아와 성경을 읽는데 하나님께서 "기도를 계속하고"라고 하셨다. 그리고 무엇보다 "깨어 있으라"고 하셨다. 하루 종일 세상에 마음을 빼앗겨 살 것이 아니라 하나님의 생각으로, 영으로, 임재함으로 깨어 있으라는 말씀이었다. 그래서 나는 계속 기도하고 깨어 있을 구체적인 방법을 생각했다.

미국에 와 주님을 만난 그 이듬해, 뉴욕 메소디스트 병원에 인터뷰를 갔을 때 가장 먼저 눈에 띈 것이 로비에 있던 기도실이었다. '매일 아침 여기서 기도하며 수련을 받으면 좋겠다'는 생각이 들어 기도했는데 하나님께서 응답해 주셨다. 이후 5년간 수련을 받는 동안 나는 기회가 있을 때마다 기도실에 들어가 기도하기를 힘썼다. 하지만 매일 기도실을 찾기는 쉽지 않았다. 그래서 생각해 낸 것이 하루 종일 걸어 다니며 주님의 이름을 부르기로 했다. 그러자 간호사와 갈등하는 일도 사라졌고, 영의 사람으로 순간순간을 사는 법을 배웠으며, 일에서도 놀라운 일들이 일어났다. 회복이 어렵다고 진단된 환자들이 기적적으로 회복되었고, 내가 회진하면서 기도해 준 환자들이 언젠가부터 내 손을 잡고 눈물을 흘리며 간증하기 시작했다. 하나님은 매우 과학적이고 이성적일 것 같은 내 일에 영적이며 초자연적인 역사를 쏟아 주셨다.

나는 외과 훈련을 시작한 열두 명의 수련의 중 가장 똑똑하다고 할 만한 사람이 결코 아니었다. 그럼에도 나는 마지막 3명의 외과 수련의로 남을 수 있었다. 모두가 쉬지 않고 기도함으로 현실을 바로 볼 수 있는 분별이 생긴 덕분이며, 무엇보다 하나님이 주신 기쁨으로 사람들을 대할 수 있었기 때문이라고 생각한다.

다른 사람은 몰라도 나는 내 속에 일어난 일을 잘 안다. 나는 더 이상 하나님을 알기 전의 내가 아니었다. 나는 매 순간 걷거나 생각하거나 심지어 다른 사람과 말하는 중에도 주님의 이름을 부르며 그분의 지혜를 의지하려 애썼다.

'주님이 나와 함께하시면 누가 나를 대적하리요.'

새벽에 기도하면 하나님이 주시는 자신감으로 충일해져 하루를 시작할 수 있었다. 나는 자주 금식기도를 했다. 하나님을 만나고도 지난날의 죄된 모습이 나타날 때면, 어려운 레지던트의 고비를 넘을 때면 금식하며 주님께 매달렸다. 그 바쁜 외과 수련 과정 중에도 당직을 꼬박 서면서 3일씩 금식기도를 하고 나면 영적인 담대함이 생겼다. "기도 외에 다른 것으로는 이런 종류가 나갈 수 없느니라"(막 9:29)는 말씀을 붙들고 기도하기를 힘썼다.

나는 때로 내 육신에 선전포고를 해야 했다. 문득 문득 살아나는 이 죄의 본성을 십자가에 못 박기 위해서는 육신과 싸워야 했기 때문이다. '너 육신이 하자는 대로 삼시 세끼 밥을 다 먹고 자고 싶다고 다 잘 순 없어!' 하면서 말이다. 하루는 대학 동창과 술을 마시면서 하나님 얘기를 했더니 동창이 "어이 술이나 마시지" 해서 나는 그날로 술을 끊어 버렸다. 또 "너희는 너희가 하나님의 성전인 것과 하나님의 성령이 너희 안에 계시는 것을 알지 못하느냐"(고전 3:16)는 말씀을 읽고는 담배를 끊자고 마음먹었다. 내 몸이 성전이라는데 독한 연기를 뿜어 넣을 수 없다 싶어서였다. 그러나 담배만큼은 금주했을 때처럼 한 번에 되지 않았다. 결국 금연을 위한 금식 3일을 하고 나서야 담배를 끊을 수 있었다.

당직이 아닌 토요일 아침은 내게 특별했다. 일찍 일어나 차를 타고 가까운 공원에 나가 한 시간이고 두 시간이고 하나님과 깊은 대화를 나눌 수 있었기 때문이다. 나는 비록 넘어지고 실수하고 주님의 은혜를 저버릴 때가 많지만, 내 속에서 생명의 역사로 승리하게 하시는 주님을 찬양했다. 나는 이제 나와 내 삶의 주인은 하나님이시며 이제 하나님 없이는 아무것도 할 수 없다고 고백하는 사람이 되었다.

하나님은 기도하는 내게 지혜를 주셨고 영혼 깊은 곳까지 평강을 주셨다. 이제 나는 기도하지 않으면, 마치 마약을 끊은 사람들이 그러는 것처럼, 자주 짜증이 났고 사소한 일에도 마음에 풍랑이 일었고, 마음이 좁아지고 급해졌다.

나는 때로 혼자서 펜실베이니아 포코노 마운틴에 있는 수양관에 가서 철야기도를 하기도 했다. 일하다 어려운 일이 있으면, 또 중요한 결정을 해야 할 때면, 밤새도록 기도로 하나님과 씨름했다. 그러면 하나님은 언제나 응답해 주셨다.

기도 응답

뉴욕에서 일반외과 수련이 거의 끝나 갈 무렵이었다. 혈관외과 공부를 더하기 위해 휴스턴에 있는 텍사스 심장센터의 합격통지서를 받고 준비 중이었는데 우연히 만난 어떤 성도가 "당신이 휴스턴으로 가는 것이 하나님의 뜻이 아닐지도 모릅니다"고 했다. 당시 나는 주님을 만난 지 얼마 되지 않아 이럴 때 어떻게 해야 하는지 몰라서 뉴욕에서 2시간 거리에 있는 수양관을 다니며 철야기도를 하기 시작했다. 나는 절대로 하나님의 뜻을 거스르는 일은 하지 않기로 마음먹은 터였다.

그런데 이때 하나님의 임재하심을 더 깊이 체험하게 되었다. 마음의 생각과 뜻이 더욱 하나님을 향해 정렬되었고 말과 마음과 행동이 일치해 갔다. 나도 드디어 영적인 사람이 되어 가고 있구나 싶었다.

나는 나처럼 주님을 만나야 정말 거듭난 것이라고 생각했다. 하지만 태어날 때부터 신앙인으로 살아온 사람들을 만나면서 내 생각이 틀렸다는 것을 알았다. 일생 동안 하나님을 멀리 떠난 적이 없는 사람들은 말과 행동이 너무나 자연스럽게 하나님께 속해 있었다. 하지만 나처럼 멀리 떠났던 사람들은 반드시 영적인 싸움을 거쳐야 했다. 하나님을 떠나 멀리 간 거리만큼 돌아오는 길이 멀었던 것이다.

휴스턴에 가는 일로 철야기도를 하고 있을 무렵, 친구 집에 초청을 받아 간 일이 있었다. 그곳에서 복음주의 유대인(Messianic Jew) 목사님을 만났는데 성령이 충만한 분이었다. 모임이 끝나고 다과 시간에 내가 기도하는 내용을 나누는데 그분이 내게 이렇게 물었다.

"당신은 주님을 사랑하십니까?"

나는 주저 없이 "예" 하고 대답했다. 나는 내 마음 깊은 곳으로부터 일말의 주저함도 없이 "나는 주님을 사랑합니다"라고 고백할 수 있는 내가 너무나 자랑스러웠다.

"당신이 주님을 사랑한다면 당신이 하고 싶은 일을 주저하지 말고 하세요."

목사님의 대답이었다. 그리고 이것은 하나님의 응답이기도 했다. 나는 주저 없이 휴스턴으로 갈 준비를 했다.

영적 분별

아내와 나는 가까이 지내는 두 가정과 기회가 있을 때마다 기도하고 찬양하는 모임을 가졌다. 그러던 어느 날 그들 가정과 찬양하고 기도하는데, 갑자기 내 혀가 돌아가며 기대하지도 않던 방언이 터졌다. 아내도 교회에서 철야기도를 하다가 방언이 터진 뒤 밤이면 아이들을 재운 다음 방문을 걸어 잠그고 오랫동안 방언하고 통변하는 은사를 체험하곤 했다. 이렇게 하나님의 은사를 경험하며 영적으로 충만한 때에 "당신이 휴스턴으로 가는 일이 하나님의 뜻이 아닐지도 모릅니다"라는 말을 들었다. 영적 분별이 없어서인지 그 말을 듣고 몹시 혼란스러웠다.

나는 이 사건을 통해 우리가 하나님이 주신 영적인 은사를 사용하는 중에 때로 사탄의 궤계에 빠질 수 있음을 알았다. 그래서 집 밖에서는 일체 은사를 사용하지 않았다. 그리고 성경에는 이런 은사를 어떻게 사용해야 할지가 자세히 기록되어 있는데도 아무도 그렇게 하지 않는다는 것을 알았다.

> "그런즉 형제들아 어찌할까 너희가 모일 때에 각각 찬송시도 있으며
> 가르치는 말씀도 있으며 계시도 있으며 방언도 있으며 통역함도 있
> 나니 모든 것을 덕을 세우기 위하여 하라 만일 누가 방언으로 말하거
> 든… 차례를 따라 하고 한 사람이 통역할 것이요… 하나님은 무질서의
> 하나님이 아니시요 오직 화평의 하나님이시니라"(고전 14:26~33).

나는 이런 과정을 통하여 영적인 분별과 안목이 생겼다. 사람들은 부
흥회 때 안수받기를 바랐지만 나는 함부로 머리를 디밀지 않았다.

하나님은 이런 훈련을 통해 내가 하나님의 자녀가 되었다는 것을 증
거해 주셨다. 나는 언제나 하나님의 말씀에 목이 마른 사슴 같았고, 언
제든지 하나님과 만나기를 소망하며 기도하기를 힘썼다. 이것이 내 속
에 주님의 생명이 있다는 증거였다. 주님을 내 인생의 주인으로 모시기
로 한 날로부터 성령님은 나의 마음 깊은 곳에 들어와 계셨다.

> "또 증거는 이것이니 하나님이 우리에게 영생을 주신 것과 이 생명이
> 그의 아들 안에 있는 그것이니라"(요일 5:11).

"우리는 구원 받는 자들에게나 망하는 자들에게나 하나님 앞에서 그리스도의 향기니 이 사람에게는 사망으로부터 사망에 이르는 냄새요 저 사람에게는 생명으로부터 생명에 이르는 냄새라 누가 이 일을 감당하리요"

(고후 2:15~16).

a heart beats ...

CHAPTER 6

얼굴이 빨개져도
계속되는 전도 훈련

나는 마치 최전선에서 싸우는 소대장처럼
하나님 가까이에서 하나님이 하시는 일을 목격했고
그때마다 담대함이 생겼다.

첫 번째 기쁨

"안녕하세요. 휴스턴에 오신 것을 환영합니다."

대학 후배로부터 전화가 왔다. 이런저런 안부를 묻다가 문득 신앙에 대한 얘기를 하게 되었다.

"선배님, 저는 교회는 다니지만 아직 믿음이 무엇인지 모르겠어요."

후배의 이 같은 고백을 듣고 나는 반드시 이 후배를 만나리라 마음먹었다.

"언제쯤 만날 수 있을까?"

"1시간 후면 갈 수 있습니다."

이렇게 갑자기? 놀랐지만 "그럼 기다릴게" 하고 전화를 끊었다. 다음 순간 나는 마음이 매우 바빠졌고 흥분되었다. 전도 폭발 훈련을 받은 지 이제 불과 2주밖에 되지 않았지만 나는 할 수 있을 것 같았다. 후배와 마주앉아 차를 나누며 나는 내가 어떻게 주님을 만나 변화된 삶을 살아왔는지 얘기했다. 그런 다음 후배에게 단도직입적으로 물었다.

"오늘 죽는다면 천국에서 깨어날 확신이 있어?"

"그게 어떻게 가능하죠?"

"그러면 만약에, 만약에 말이야. 오늘 죽어서 천국 문 앞에 갔는데 하나님이 내가 너를 이 천국에 들여보내 줘야 할 이유가 뭐냐고 물으신다면 후배는 뭐라고 대답할 거야?"

"그야 내가 선하게 살고, 남을 돕고 좋은 일을 많이 하면 되는 것 아닐까요?"

성경에는 "하늘에 계신 너희 아버지의 온전하심과 같이 너희도 온전하라"(마 5:48)고 했고 "의인은 없나니 하나도 없다"(롬 3:10)고 했다. 아무리 좋은 일을 해도 우리는 절대 온전할 수 없고 의인이 될 수 없는 것이다.

"그러면 내가 어떻게 하면 구원에 대한 확신을 가질 수 있는지 설명해도 될까?"

"그렇게 하시죠."

"하나님 앞에서 그리스도의 향기니… 생명으로부터 생명에 이르는 냄새라 누가 이 일을 감당하리요"(고후 2:15~16).

우리가 휴스턴으로 이사 온 뒤 한인교회에 처음 출석한 날 목사님의 설교 주제는 '복음 전하는 일꾼이 돼라'였다. 그날 나는 내가 바로 복음을 전하는 자가 되어야 한다는 말씀으로 들었다. 그리고 고린도후서 말씀을 읽다가 더욱 복음에 대한 열정이 뜨거워졌다. 얼마 후 휴스턴 한인교회에서 개최한 전도 폭발 전국 지도자 훈련에 참여했다. 전도 폭발 훈련은 미국 플로리다에 있는 제임스 케네디(James Kennedy) 목사님에 의해 시작된 훈련인데 당시 가장 효과적인 전도 훈련으로 알려졌다. 휴스턴 한인교회에서 이 훈련을 도입한 후 미국 전역의 한인교회로 확장되었다.

나는 하나님을 만난 후 여러 가지 교회 일에 헌신했지만 다른 사람에게 복음을 명확하게 설명할 수가 없어서 아쉬웠던 적이 한두 번이 아니었다. 지도자 훈련 과정이 끝나고 얼마 지나지 않아 정식 훈련이 시작되었을 때 나는 훈련생으로 등록했다. 병원 일에 지장이 없는 화요일 저녁에 모이는지라 큰 어려움은 없었다. 그런데 이 훈련을 시작한 지 불과 2주 만에 후배를 만났고, 나는 내가 할 수 있는 최선을 다해 후배에게 '구원 얻는 복음'을 설명했다.

"나와 같이 기도드릴 수 있을까?"

복음을 전한 뒤 기도하자고 하자 후배는 선뜻 "그렇게 하시죠" 하며 무릎을 꿇었다. 후배는 나를 따라 주님을 영접하는 기도를 한 뒤 이렇게 말했다.

"그동안 교회 다니며 들어 왔던 내용들을 구슬을 꿰듯이 정리해 주시니 너무나 좋았습니다. 마음에 확신이 와요."

나는 후배와 헤어진 뒤 흥분을 감출 수 없었다. 하나님은 아직 준비되지도 않은 나를 사용해 복음을 전하게 하신 것이다. 더 놀라운 것은 후배가 이후 크게 변화되었다는 사실이다. 교회를 열심히 섬길 뿐 아니라 암 전문의 과정을 무사히 마친 뒤 대학교수로서 서울로 돌아갔다. 서울로 돌아간 뒤에는 그의 아내와 함께 캠퍼스 사역을 하는 동시에 중국에 가서 제자훈련을 하는 등 놀라운 사역을 감당했다. 내가 서울에 방문했을 때 후배는 나를 교직원 예배에 강사로 초청하면서 사람들에게 "이분이 나에게 예수님을 알게 해 준 분입니다"라고 소개했다. 나는 이런 소개를 받을 때 가장 큰 보람을 느낀다.

전도 폭발은 한 사람이 두 명을 훈련하고 또 이 두 명이 네 명을 훈련해 나가면 짧은 시간에 복음이 폭발적으로 전해질 수 있다고 해서 붙여진 이름이다. 저녁 6시에 모여 간단하게 저녁식사를 하고 30분 강의를 들은 후 훈련자 1명, 훈련생 2명이 한 조를 이뤄 교회 전도부에서 정해 준 가정을 방문한다. 처음에는 훈련자가 복음을 전하지만 12주 후에는 훈련생이 복음을 전하게 된다. 잘 알지도 못하는 가정을 방문해 복음을 전한다는 것이 그렇게 간단한 일은 아니었다. 문전박대를 당할 때도 있었다. 설령 집에 들어가서도 말 한마디 붙여 보지 못하고 그냥 일어서야 할 때도 있었다. 그러나 나는 이런 어려움을 당할 때마다 더욱 담대해졌고 복음을 전할 마음이 더욱 뜨거워졌다. 날이 갈수록 잃어버린 영혼을 찾으시는 하나님의 안타까운 마음을 알아 가는 훈련이기에 그럴 수 있었다.

교회 다니지 않는 남편에게 복음을 전해 달라는 초청을 받고 어느 집에 방문했을 때였다. 남편에게 복음을 전하는데, 남편은 가만히 앉아서 우리 얘기에 아무런 반응도 보이지 않는데, 대접하느라 들락거리던 아내가 갑자기 눈물을 쏟으며 이런 고백을 했다.

"나는 교회는 다녔지만 예수님이 누구신지 몰랐어요. 그런데 지금 얘기를 들으니 나야말로 예수님을 만나야 한다는 것을 알았어요."

성령께서 하시는 일이었다.

후배가 주님을 영접한 일이 있은 지 얼마 후 뉴욕에서 청년부 활동을 같이하던 집사님 한 분이 출장차 휴스턴에 오면서 나를 찾아왔다. 저녁으로 국수를 대접한 뒤 이런저런 얘기를 나누다가 내가 지금 받고 있는 전도 폭발 훈련에 대해 얘기하게 되었다.

"그게 어떤 훈련입니까?"

집사님이 묻기에 "두 가지 질문을 하는 것으로 시작해서 복음을 설명하는 것이지요" 하면서 두 가지 질문을 소개했다.

그러자 집사님이 "그러면 내가 믿지 않는 사람이라고 생각하고 나한 테 한번 해 보세요" 했다.

　뉴욕에서 청년회 활동을 같이하기는 했지만 개인적으로 깊이 대화를 나눠 본 적은 없어서 그의 영적 상태를 알지 못했으나, 혹시 그가 아직 예수님을 모를 수도 있다 싶어서 힘껏 복음을 전했다. 그때는 이미 12주간에 배운 성경 구절과 전체 내용을 암기하고 있었다. 나는 정중하게 물었다.

　"혹시 집사님은 주님을 만난 경험이 있습니까?

　"아니요."

　"그럼 주님을 집사님 삶의 주인으로 모시고 싶은 바람은 있으세요?"

　"물론이지요."

　"제가 설명한 복음의 내용이 이해가 되세요?"

　"이해가 됩니다."

　"그럼 우리 같이 기도합시다."

　집사님은 나를 따라 진심을 다해 기도했다. 그리고 아내와 셋이서 무릎을 꿇고 오랫동안 간절히 기도했다. 기도를 마치고 다과를 나누는데 집사님의 표정이 달라져 있었다.

　"내가 정 집사님을 따라 기도한 다음 개인적으로 기도하려는데 가슴이 너무나 답답했습니다. 큰 거름 무더기 같은 게 길을 막고 있어서 지나갈 수가 없었거든요. 그런데 어느 순간 이 거름 무더기가 확 옆으로 옮겨지면서 길이 확 트였고 그러자 답답했던 가슴이 편안해졌어요. 그 순간 정 집사님이 설명한 예수님이 내 죄를 옮기셨다는 말씀이 마음으로 믿어지면서 내가 주님을 만났다는 확신이 들었어요."

우리는 감격했다. 감정과 이성으로 믿을 수 없을 때 초자연적인 임재 하심으로 자신을 계시하시는 하나님을 마음껏 찬양했다. 그 주말에 뉴욕으로 돌아간 집사님으로부터 전화가 왔다.

"너무나 감사했습니다. 어떻게 설명해야 할지 모르겠지만, 대한중석의 지사원으로 근무하면서 이런 일은 처음입니다. 집사님과 헤어진 이튿날 바이어를 만나 중석을 팔려는데, 웬일인지 원래 사려던 것의 두 배나 더 사겠다고 하지 뭡니까. 거래도 최단 시간에 끝났고요. 이런 예상외의 수확에 감사하며 집에 돌아와 주일에 교회에 갔더니 목사님께서 앞으로 전도 폭발 훈련을 할 것이라며 내게 총무를 맡아 달라고 하시는 겁니다. 덕분에 구원의 확신을 갖게 된 것만도 감사하고 기쁜데 전도 폭발 훈련의 총무로 섬기게 하시니 하나님께서 살아 계신 게 분명하지요!"

아내와 나는 다시 한 번 감격했다. 이후 그는 내가 뉴욕에 갈 때마다 "이분이 내가 주님을 만날 수 있게 도와주신 분입니다"라고 사람들에게 나를 소개했다. 이 일은 물론 성령께서 나를 사용해서 하신 일임을 잘 안다. 그럼에도 오늘까지 이런 인사를 들으니 참으로 영광이 아닐 수 없다. 이런 인사를 들을 때마다 한 영혼을 천하보다 귀히 여기시는 하나님의 마음을 느낄 수 있기 때문이다.

우리는 교회의 직분을 보고 그 사람의 신앙을 가늠할 때가 많다. 하지만 나는 이 일 이후로 그가 교회에서 어떤 직분을 가졌든지 상관하지 않고 누구든지 만나면 "하나님을 언제 만나셨어요?" 하는 질문을 하게 되었다.

너는 내가 창피하니?

훈련 중에 노방전도를 하는 순서가 있었는데 우리는 어느 한 식당에 가서 전도하기로 했다. 그런데 막상 식당에 도착하자 도무지 들어갈 엄두가 나지 않았다. 더구나 그날은 내가 복음을 전하는 차례였다. 서로 손을 잡고 기도하여 담력을 얻은 뒤에야 마침내 식당 문을 열고 들어설 수 있었다. 하지만 식당 안에 있는 모든 사람이 나만 보는 것 같아 얼굴이 화끈거렸다. 두리번거리다가 이윽고 젊은 부부가 식사를 하는 테이블로 갔다.

"우린 교회에서 나왔는데 몇 가지 질문을 드려도 되겠습니까?"

그러자 부부는 나를 아래위로 한참을 뜯어보더니 못마땅하다는 듯이 말했다.

"거 밥 좀 먹고 하면 안 되겠습니까?"

"그… 그러시죠."

나는 이 일을 어떻게 수습할지 몰라 일단 화장실로 피했다. 내가 지금 무슨 미친 짓을 한 거야, 너무 창피했다. 마음을 가다듬고 다시 식당으로 들어갔다. 마침 내가 말을 걸었던 부부가 식사하는 옆자리에 자리가 나서 먹을 필요도 없는 음식을 주문했다. 어떻게 해서든 이 식당에 들어온 나의 행위를 정당화해야 했다. 훈련자로 같이 간 여자 집사님은 내가 하는 짓이 아주 재미있다는 표정이었다. 그런데 식사를 다 마친 부부가 조금 전과는 달리 웃으며 내게 먼저 말을 걸었다.

"아까는 미안했는데 할 말 있으면 이제 한번 해 보시죠."

나는 용기를 내어 그들에게 복음을 전했다. 그들의 반응이 어떤지, 내가 전한 복음을 알아들었는지에 상관없이 나는 속사포처럼 말을 쏟아 냈다. 나는 그날 그들에게 복음을 전한 것이 아니라 나 자신과 처절한 싸움을 한 것이었다. 일정을 끝내고 집에 돌아와 누웠는데 성령님의 세미한 음성이 내 가슴을 울렸다.

"너는 사람들 앞에서 내가 그렇게 창피했느냐?"

나는 예전에 예수님의 수제자인 베드로가 어떻게 세 번이나 주님을 부인할 수 있느냐고 했던 것이 생각났다. 그런데 오늘 나는 베드로보다 더 못난 짓을 한 것이다. 적어도 베드로는 모든 것을 버리고 주님을 따르지 않았던가. 하찮은 나 하나 부인할 수 없어서 주님을 부끄럽게 했구나 싶었다.

"누구든지 나를 따라오려거든 자기를 부인하고 자기 십자가를 지고 나를 따를 것이니라"(막 8:34).

주님은 이 말씀을 생각나게 하시며 따스한 음성으로 나를 나무라시고 타이르시고 위로하셨다. 해야 할 일을 하지 않으면 하지 말아야 하는 일을 하게 되고, 할 말을 하지 않으면 하지 말아야 하는 말을 하게 되는 것처럼, 나를 부인하지 못하면 주님을 부인하게 된다는 것을 알았다. 그 밤에 병원 식당에서 밥을 먹기 전 기도하려다 사람들이 몰려오면 황급히 손을 거두었던 기억도 났다. 나는 그동안 끝없이 주님을 부인하며 살았던 것이다. 주님을 따르는 일은 결코 어떤 직분을 맡는 큰 일에서가 아니라 이처럼 작은 일상에서 나를 부인하고 주님을 인정하는 데서 시작된다는 것을 나는 그 밤에 깨달았다.

매주 여러 훈련 팀이 찾아갈 복음 전도의 대상자를 찾는 것도 쉬운 일이 아니었다. 그래서 타 교회에서 요청이 있어도 우리는 주저 없이 찾아갔다. 하루는 남편의 전도를 위해 기도하던 어느 여자 집사님의 요청으로 타 교인의 집을 방문하게 되었다. 남편은 공부도 많이 하고 점잖으며 날카로운 사람이라고 했다. 하지만 그는 우리의 얘기를 전혀 들으려 하지 않았다. 오히려 우리가 하려는 말을 자르고 비꼬고 조롱했다. 나는 좌우지간 결말을 지어야겠다는 생각으로 그를 똑바로 쳐다보며 쏜살같이 쏘아붙였다.

"당신은 우리가 할 일이 없어서 이 귀한 시간을 내어 당신 같은 사람에게 무언가를 구걸하려는 것처럼 보입니까? 그러나 이 한 가지만 분명히 알길 바라오. 우리가 전하러 온 이 복음을 받아들이면 당신은 하나님의 자녀가 될 것이지만 이 복음을 내치면 당신은 오늘 자다가 죽으면 지옥 갈 것을 내가 장담하리다."

내가 이렇게 쏘아붙이고는 그 집 문을 박차고 나오자 그의 아내는 말할 것도 없고 같이 간 훈련생들이 기겁을 했다. 아니나 다를까, 이튿날부터 여기저기서 전화가 왔다. 정 집사가 와서 하고 간 말 때문에 그나마 간신히 교회에 다닐 수 있던 아내마저 더 이상 교회에 나올 수 없게 되었으니 어떡할 거냐는 것이었다. 그리고 남편은 나한테 반드시 사과를 받아야겠다고 으름장을 놓았다는 것이다.

그런데 놀랍게도 3개월 후 그는 아내와 함께 교회에 나오기 시작했다. 그러고는 내게 감사하다고 했다. 나는 나의 잘못된 태도와 열정으로 인해 일을 그르쳤다고 생각했지만, 하나님은 합력하여 선을 이루셨고, 그 가정은 복음의 빛 안으로 들어올 수 있었다.

나는 이 일을 통해 복음은 토론하는 것이 아니라 선포하는 것임을 알게 되었다. 복음이 선포되는 곳에는 반드시 두 가지 반응이 나타났는데, 하나는 '마음이 찔려' 회개하고 복음을 받아들이는 것이고, 다른 하나는 도무지 복음을 감당하지 못할뿐더러 오히려 복음의 근원을 말살하려 한다는 것이다. 아기 예수가 태어났을 때 동방의 박사들은 경배하러 왔지만, 헤롯은 죽이려 들었다. 생명의 근원을 없애려 한 헤롯처럼 어떤 이들은 복음을 듣고 격렬하게 저항했다. 그때마다 나는 말씀으로 위로를 받았다.

"성령으로 아니하고는 누구든지 예수를 주시라 할 수 없느니라"(고전 12:3).

생명의 능력

내가 청년 사역을 하고 있을 때 늘 내 마음에 걸리는 청년이 있었다. 여자 청년인데 석 달을 모임에 나왔지만 언제나 무표정했고 말 한마디를 제대로 하는 것을 듣지 못했다. 어느 날 모임이 끝난 뒤 나는 자매에게 다가가 말을 붙였다.

"잠깐 얘기할 수 있어?"

"그러시죠."

자매는 말도 못 붙일 것 같았는데 의외로 순순히 응했다. 그리고 내가 앉자마자 자매는 미처 묻지도 않은 말들을 술술 털어놓기 시작했다. 누군가가 자기 얘기를 들어 주기를 얼마나 기다렸으면 그랬을까. 자매는 거침이 없었고 솔직했다.

"친한 친구가 나의 남자 친구를 빼앗아 갔어요. 그날 이후로 나는 잠을 잘 수가 없었고 두 사람을 마음속에서 수십 번 죽였어요. 교회에 와서 설교 말씀을 듣는 순간부터 이 둘을 죽이는 생각을 하다가 설교가 끝나면 이 생각이 멈춰요. 변호사 사무실에서 일하는데 밤에 잠을 못 자니까 한 번도 정시에 출근해 본 적이 없어요. 그래도 내가 일을 잘해서 그런지 날 자르지는 않더라고요."

나는 자매의 얘기를 끝까지 들은 뒤 물었다.

"자매님은 예수님을 만난 적이 있어요?"

"아니요."

"그럼 내가 예수님을 소개할 테니 만나 볼래요?"

"이대로는 살 수 없어요. 무엇이든 해야 해요."

나는 자매에게 복음을 전했고, 자매는 마치 스펀지처럼 말씀을 받아들이더니 죄를 고백하고 주님을 자기 삶의 주인으로 모시는 영접기도까지 했다. 다음 주말에 자매를 만났는데, 자매의 얼굴이 사뭇 달라져 있었다.

"그렇게 웃으니까 얼마나 예뻐!"

"지난 주일 집사님과 얘기를 나눈 뒤 집에 가서 자고 월요일 아침에 출근했는데 모든 동료들이 깜짝 놀랐어요. 어째서 오늘은 정시에 출근했느냐고요. 그제야 나는 비로소 내가 지난밤에 잠이 들었던 것을 알았어요. 더구나 그날 이후 단 한 번도 그 지긋지긋한 생각이 나지 않는 거예요."

우리는 주님을 찬양했고, 자매를 위해 나는 다시 간절히 기도했다. 이후 자매는 지난날의 상처를 지워 버리고 친구를 마음속으로 용서했다. 자매는 사랑하는 남자 친구를 가장 친한 친구에게 빼앗기면서 한순간에 가장 사랑하는 두 사람을 잃었다. 그들로 인한 상처도 이만저만한 게 아니었지만, 그 상처로 인해 수개월 동안 괴로워한 일은 그보다 더 큰 고통을 남겼다. 그러나 복음을 받아들이자 그 고통에서 놓여났을 뿐 아니라 상처까지 치유됐다. 이것이 복음의 능력이다. 오래 곪은 상처까지 치료할 뿐 아니라 묶인 상처에서 풀려 진정한 자유를 누리게 하는 것이 하나님의 능력이다.

젊은 청년들은 내게 자주 상담을 요청하는데, 그들은 대부분 역시 남한테 받은 상처로 인해 아파했다. 나는 그들에게 "당신이 받은 상처는 한 번 받은 것으로 족하니 두 번 다시 이 상처가 당신을 괴롭게 하지 못하게 하라"고 조언해 준다.

나는 훈련생으로 전도 폭발 훈련을 마치고 훈련자가 되어 휴스턴을 떠날 때까지 이 일을 했다. 이 일은 내가 한 어떤 일보다 보람이 있었다. 나는 마치 최전선에서 싸우는 소대장처럼 하나님 가까이에서 하나님이 하시는 일을 목격했고 그때마다 담대함이 생겼다. 내가 아무리 수술을 잘해도 그것으로 한 사람의 삶을 바꿀 수는 없다. 이 세상에 죽은 자를 살릴 수 있는 능력이 이 복음 말고 도대체 어디에 있단 말인가.

예수님을 만나고 내가 변했듯이 주님을 만난 사람들은 놀랍게 변화된 삶을 살아간다. 나는 오늘도 한 달에 두세 번은 이 전도 폭발 훈련을 통해 얻은 경험으로 누군가에게 복음을 전하고 있다. 하나님께서는 나를 이렇게 훈련시키셨다.

PART 3

심장이 뛰는 곳으로
달려가라

"내가 너로 큰 민족을 이루고 네게 복을 주어 네 이름
을 창대하게 하리니 너는 복이 될지라"(창세기 12:2).

a heart beats ...

CHAPTER 7

의사로 부르신
복된 일터

수술실은 내게 아주 특별한 예배 장소다.
그래서 내가 선 곳은 거룩한 곳이다. 하나님께서 일하시기 때문이다.

이름도 없는 곳

어느 날 수술을 마치고 사무실에 돌아와 서류 정리를 하고 있는데, 우리 병원 사무장이 나를 찾아왔다. 그는 변호사로 성령이 충만한 믿음의 사람이었다. 아침 묵상 중에 창세기 12장 2절 말씀을 하나님께서 주셨는데 이 말씀은 나를 위한 말씀이라면서 당신이야말로 이 병원의 복의 근원이라고 했다.

"내가 너로 큰 민족을 이루고 네게 복을 주어 네 이름을 창대하게 하리니 너는 복이 될지라"(창 12:2).

나는 그의 말을 듣고 온몸에 전율을 느꼈다. 왜냐하면 불과 얼마 전에 오칼라(Ocala)에 오는 문제로 기도했을 때 하나님이 이 말씀을 통해 확신을 주셨기 때문이다. 하나님은 내가 그분의 말씀을 듣고 순종하면 반드시 그 증거를 보여 주셨다.

리틀록(Little Rock)에서 수련 과정이 끝나 갈 무렵 플로리다 오칼라의 닥터 카마이클(Carmichael)한테서 인터뷰를 하러 오지 않겠느냐는 전화를 받았다.

"어떻게 알고 전화했죠?"

"거기 과장님이 소개했습니다."

"그런데 오칼라가 도대체 어디에 있지요?"

지도를 보니 오칼라는 올랜도(Orlando)에서 북쪽으로 70마일(약 110킬로미터) 떨어진 곳에 위치한 작은 마을이었다. 당시 아칸소 주립대학 병원에서 나와 같이 일하던 의사가 수술 성적이 좋지 않아 그만두면서 오칼라에 인터뷰를 하러 왔단다. 카마이클은 나름대로 그에 대해 신원 조회를 했고 그 과정에서 그에 대한 좋지 않은 평가를 전해 들었다. 이때 카마이클은 그런 정보를 가르쳐 준 심장외과 과장에게 "혹시 좋은 사람 있으면 소개해 주세요" 했고 그러자 그가 나를 추천해 주었다는 것이다. 그는 나를 이렇게 소개했다고 한다.

"이 사람은 한국으로 돌아간다고 해서 그때까지 여기 아칸소 대학병원의 전임강사로 남기로 한 자인데 당신과 같이 텍사스 심장센터에서 훈련을 받았고 '인간 재봉틀'이라는 별명을 가진 능력 있는 의사라오. 하지만 한 가지 걱정스러운 것이 있다면, 그는 환자를 붙잡고 기도를 하는가 하면 복음을 전하기도 하는 광신도 같은 사람이라는 것이오."

카마이클은 당시 믿지 않는 동료와 어렵게 헤어진 후 다시는 믿지 않는 형제와 동업하지 않겠다고 결심한 터라 내가 복음 전하는 의사라는 말에 나를 꼭 만나 보고 싶었다고 한다. 하지만 그로부터 다시 전화가 왔을 때 나는 갈 수 없다고 대답했다. 이유는 이랬다. 우리는 뉴욕에서 처음 미국 생활을 시작했으나 휴스턴, 댈러스, 그다음엔 리틀록으로 이사를 했다. 아내는 농담 삼아 우리는 이사할 때마다 점점 작은 도시로 가고 있다면서 다음엔 이름도 없는 곳으로 갈 것 같다고 했는데, 오칼라는 정말이지 이름도 없는 소도시였다. 나는 아내의 말이 현실이 되는 것이 싫었다. 비행장도 없는 오칼라로 가고 싶지 않았다.

하지만 카마이클은 집요했다. 비용을 모두 지불할 테니 제발 한 번만 다녀가라고 사정했다. 인터뷰 가는 시간은 공식적으로 양해된 시간이라서 나와 아내는 마지못해 오칼라에 가 보기로 했다. 올랜도에서 차를 빌려 2시간을 운전해서 오칼라에 도착했는데, 오칼라는 내가 예상한 것보다 훨씬 초라해 보이는 도시였다. 지금껏 영적인 광야를 지나왔다면 이곳은 현실적인 광야 같았다.

말 농장이 있어 아름답다고는 하나 건물 하나 제대로 선 것이 없었다. 그냥 돌아가고 싶은 마음을 억지로 누르고 카마이클을 만났다. 카마이클은 나를 인터뷰한다기보다 자기가 일하는 병원이 어떤 장점이 있는지를 설명하는 데 급급했다. 그는 아침을 직원기도회로 열고 환자들의 손을 잡고 기도하는 참으로 신실한 신앙인이었다. 그는 저녁이 되자 자신의 간증을 나누었다.

오칼라 북쪽으로 1시간 떨어진 게인스빌(Gainsville)에 있는 플로리다 주립대학 병원에서 그는 심장외과 과장으로 있었다. 그는 심장이식(Heart Transplantation) 수술을 위한 만반의 준비를 다 마쳤으나 6개월이 지나도록 단 한 건의 수술도 하지 못했다. 심장이식 수술은 한 사람이 죽어야 한 사람이 사는 일인 만큼 혹시 하나님이 이 일을 원하시지 않는가 하여 기도하기 시작했단다.

"새 영을 너희 속에 두고 새 마음(New heart)을 너희에게 주되 너희 육신에서 굳은 마음(Heart of Stone)을 제거하고 부드러운 마음(Heart)을 줄 것이며"(겔 36:26).

기도 중에 이 말씀을 주셔서 심장이식 수술이 하나님의 뜻에 어긋나는 일이 아님을 확신하게 되었단다. 그러던 어느 날 밤 그는 서재에 앉아 이렇게 기도했다.

"플로리다에서 처음으로 하게 될 심장이식 수술을 통해 내게 돌아올 어떤 영광이 있다면 모두 하나님께 드리겠습니다."

그런데 놀랍게도 이렇게 기도한 지 2시간 만에 첫 수술을 하게 되었고 성공적으로 끝마칠 수 있었다. 이 일로 TV와 신문, 라디오에서 인터뷰를 하러 왔는데, 그때마다 그는 이것을 간증했고, 그 일로 하루아침에 그는 유명한 크리스천 심장외과 의사가 되었다. 몇 년 후 오칼라에 와서 심장병원을 열었는데, 그의 명성 때문에 수많은 환자들이 몰려왔다고 했다.

귀한 간증에 아내와 나는 감동되었지만 그렇다고 오칼라에 올 생각은 들지 않았다. 그런데 리틀록으로 돌아온 어느 날 카마이클한테서 다시 전화가 왔다.

"애들 디즈니도 구경시킬 겸 모든 식구가 같이 다녀가는 것이 어떻습니까?"

그의 전화를 끊고 나서 여기저기서 전화가 오기 시작했다. 은행장이라는 사람은 "오칼라는 당신 같은 사람이 필요해요" 했고, 어느 변호사는 오칼라가 얼마나 살기 좋은 곳인지를 열심히 설명했다. 카마이클이 비행기표 다섯 장을 보내서 우리 가족은 마지못해 올랜도로 다시 왔다. 호수가 있는 별장에 묵는 동안 카마이클은 우리 가족에게 최선을 다했다. 그와 신앙 얘기도 나누고 친교의 시간도 가졌으나 나는 이렇게 말하고 그와 헤어졌다.

"우린 한인교회를 섬겨야 하는데 교회도 없고 해서 여기 오기는 힘들 것 같다."

며칠 후 카마이클한테서 다시 전화가 왔다. 교회를 찾았다는 것이다. 오칼라에서 북쪽으로 30마일(약 50킬로미터) 떨어진 곳에 대학촌이 있는 데 거기에 게인스빌 한인 침례교회가 있다는 것이었다. 자신이 직접 운전해서 가 보았는데 불과 30분밖에 걸리지 않는다는 부연 설명까지 했다. 나는 오칼라에 가고 싶지 않았으나 그가 너무나 적극적으로 권하는 바람에 또다시 오칼라를 방문해 한인교회를 찾아가게 되었다. 4만 명이 넘는 학생이 있는 플로리다 주립대학 인근에 있는 한인교회로 교인은 주로 한국에서 석사, 박사 학위를 하러 온 유학생들이었다.

'여기야말로 선교 현장이 아닌가. 이들이 공부를 마치고 돌아가서는 다들 지도자가 될 텐데 이들을 섬기는 일이야말로 하나님이 보시기에 기뻐하실 사역이겠구나' 싶었다. 카마이클은 공항까지 따라와서는 당신이 꼭 오칼라로 올 수 있기를 바란다고 했다. 나는 그때 비로소 바울이 "마게도냐로 건너와서 우리를 도우라"는 말씀을 들은 것처럼, 이곳이 하나님께서 우리를 인도하시는 곳일지도 모른다는 생각을 하기 시작했다.

이 일이 있기 1년 전에 서울의 처형이 암으로 아프다는 소식을 듣고 아내는 아이들을 데리고 한국에 나가 얼마간 지내다 돌아왔는데, 한국에서 지내는 동안 아이들은 서울의 공립학교를 다녔다. 그런데 내게 전화할 때마다 울면서 "아빠, 우리 언제 데리러 와?" 했다. 이미 10여 년을 미국에서 살면서 미국 생활이 익숙한 아이들은 한국의 환경을 힘들어 했다.

그즈음 내가 서울을 방문했을 때, 모교의 흉부외과 과장님이 직접 운전해서 나를 데리고 모 대학의 총장님을 만나러 갔다. 새로 시작하는 대학 병원에 모교에서 과장으로 내보낼 사람이 마땅하지 않으니 우선 내가 가서 자리를 잡으면 좋겠다고 자리를 마련한 것이었다. 총장님 역시 모교의 선배님으로 꼭 돌아와서 함께 일하자고 했다. 그런데 총장님은 나의 처우에 대해선 일체의 말을 하지 않았다. 더구나 새로 시작하는 대학 병원이라면 자리를 잡기까지 몇 년이 걸릴지 알 수 없다는 생각이 들었다. 나는 마치 이제 경기에 나갈 만반의 준비를 마치고 출발선에 서서 총소리가 울리기만을 기다리는 선수와 같은데, 심장외과 의사로 본격적으로 수술을 하기 위해서 또다시 오랜 시간을 기다려야 한다니, 썩 내키지 않았다. 더구나 아이들도 한국 생활을 원하지 않았다. 설사 한국에 온다 해도 아이들은 외국인 학교를 보내야 할 것이고 그러면 두 집 살림을 할 형편이었다. 쉽지 않은 결정이었다.

예전에 나는 의사를 포기하고 신학교에 갈 생각을 했으나 하나님이 인도하셔서 심장외과 의사가 되었다. 또다시 그런 영적인 실수를 하고 싶지 않았다. 아무리 어려운 환경이라도 하나님이 원하시면 그 뜻을 따르고 싶었다. 나는 이미 그렇게 훈련되어 있었다. 물론 고국으로 돌아가

고픈 열망은 여전했다. 하지만 어떤 결정을 하든 나의 뜻이나 생각으로 하지 않을 것이었다.

나는 시간이 얼마가 걸리든 하나님께서 확실히 말씀하실 때까지 기다릴 생각이었다. 그리고 열심히 말씀을 묵상하고 기도했다. 하나님의 말씀을 묵상할 때는 나의 생각과, 소원과, 기도 제목을 내려놓고 먼저 나를 향한 하나님의 뜻이 무엇인지를 살펴야 하는데 나는 이 갈 길에 대한 응답이 기다려졌다.

그러던 어느 날 늘 그랬듯이 아침에 큐티책으로 묵상하는데, 창세기 12장 2절 말씀이 가슴에 들어왔다.

"내가 너로 큰 민족을 이루고 네게 복을 주어 네 이름을 창대하게 하리니 너는 복이 될지라"(창 12:2).

주님은 오늘도 살아 계셔서 성령님을 통하여 나의 가슴에 이 말씀을 가지고 특별한 음성으로 말씀하셨다.

"이제 네가 갈 오칼라에서 내가 너를 '복의 근원'이 되게 할 것이다."

나는 기다리던 응답을 받고 나서 아내와 긴 시간 얘기를 나누었다. 아내 역시 하나님의 인도하심을 따르기를 원했다. 나는 카마이클에게 전화해서 우리의 결정을 알렸다. 그는 너무 기뻐하며 비행기표를 보낼 테니 다시 와서 최종 결정을 하자고 했다. 그리하여 네 번째 오칼라를 방문했을 때 최종 결정을 내렸다. 장차 하나님이 우리를 들어 어떤 일을 하실지 모르지만 우리는 하나님의 말씀에 따라 오칼라로 가기 위한 이삿짐을 쌌다. 보통 이런 자리를 결정할 때는 수많은 곳을 방문해 보고 결정하게 마련인데 나는 딱 한 곳을 보고 결정을 내린 것이다.

훈련을 마치고

참으로 긴 세월이었다. 미국에 온 지 13년 만에 모든 훈련 과정에 마침표를 찍었다. 지난날 우리의 삶을 인도해 오신 하나님은 "마치 독수리가 자기의 보금자리를 어지럽게 하며 자기의 새끼 위에 너풀거리며 그의 날개를 펴서 새끼를 받으며 그의 날개 위에 그것을 업는 것같이"(신 32:11) 우리를 훈련하셨다.

여느 사람들처럼 대학을 나와 훈련을 받고 대학교수가 되는 순탄한 과정을 밟았다면 달라졌을까? 하지만 하나님은 내 삶의 근본을 흔드시며 나를 벼랑 끝으로 내모셨다. 거기에는 나를 알고 나의 죄를 알고 천지를 지으신 하나님을 알게 하기 위한 하나님의 사랑과 은혜가 있었다. 하나님은 말씀으로 나를 인도하심을 지난 삶에서 분명하게 보여 주셨다. 독수리가 절벽에서 새끼를 떨어뜨려 훈련하지만 결코 땅에 떨어뜨리지 않는 것처럼 하나님은 나를 훈련하셨고 결코 헤어날 수 없는 절망의 늪에 빠지게 내버려 두지 않으셨다. 내가 두 손 들고 하나님께 완전히 승복할 때까지 나를 낮추시고, 시험하시고, 내 깊은 속을 들여다보게 하셨다. 주님을 떠나서는 소망이 없는 죄인이라는 것을 뼛속까지 깨닫게 하셨고 그로 말미암아 나를 자유케 하셨다.

누군가 "하나님이 이 훈련 기간 동안 너의 삶에서 하신 일이 무엇이냐"고 묻는다면, 나는 주저 없이 "사람이 떡으로만 사는 것이 아니요 여호와의 입에서 나오는 모든 말씀으로 사는 줄을 네가 알게 하려 하심이니라"(신 8:3)고 대답하겠다. 나는 하나님의 훈련 기간 동안 세상 어느 것과도 바꿀 수 없는 귀중한 것을 얻었다. '나를 구원하신 내 사랑하는 주님을 얼굴을 대면하듯 만난 것'이다. 물론 이스라엘 민족이 40년이나 걸려 지나야 했던 광야 길처럼 힘들고 어려웠다. 하지만 이 광야를 지날 수 있는 유일한 통행증은 '말씀으로 사는 삶'임을 배웠다. 이 세상에 내가 가진 모든 것이 멸하고 없어져도 매일 새벽을 깨우며 내 영혼 깊은 곳을 두드리는 '말씀'이 있는 한 나는 소망이 있다.

오칼라에 가기로 결정하고 아칸소 주립대학 과장님께 이 사실을 알렸다.

"서울 가는 것은 어쩌고?"

"일단 오칼라에 가기로 했습니다."

"계약서 좀 가져와 봐."

"계약서는 쓰지 않았는데요."

"계약서도 안 쓰고 가기로 했단 말이야! 변호사를 사서 계약서를 자세히 써도 불이익을 당하기 일쑤인데 계약서조차 없다고? 그건 자살행위나 마찬가지야!"

"저는 카마이클이 계약서를 내밀지 않는 한 계약서를 쓰자고 할 생각이 없습니다."

"자네 정말 정신 나간 거 아니야?"(Are you crazy?)

"내가 믿는 하나님께서 오칼라로 가라고 하셔서 가는 것이니 계약서는 필요 없습니다."

"도무지 이해할 수 없는 친구일세, 쯧쯧!"

나는 더 이상 논쟁이 필요 없음을 알고 그동안 감사했다는 인사를 한 뒤 그의 방을 나왔다. 나는 카마이클이란 사람은 믿을 수 없을지 모르지만, 그를 이끄시는 하나님을 믿는다. 실제로 카마이클은 과장님의 우려와 달리 이듬해 약속보다 더 높은 보수를 주었고, 2년 후에는 나를 파트너로 인정해 모든 수익을 똑같이 나눴다. 오칼라로 이사 갈 즈음 하나님은 다음과 같은 말씀을 주셨다.

> "이 사람들은 다 믿음을 따라 죽었으며 약속을 받지 못하였으되… 그들이 이같이 말하는 것은 자기들이 본향 찾는 자임을 나타냄이라… 그들이 이제는 더 나은 본향을 사모하니 곧 하늘에 있는 것이라 이러므로 하나님이 그들의 하나님이라 일컬음 받으심을 부끄러워하지 아니하시고 그들을 위하여 한 성을 예비하셨느니라"(히 11:13~16).

우리의 주소지는 두 곳이다. 지금 우리가 살아 내야 할 이 땅의 주소지와 장차 올 영원한 본향의 주소지가 그것이다. 보이는 이 땅에서 보이지 않는 하늘의 성을 바라보며 살아가라는 하나님의 위로의 말씀이었다.

미국 생활 9년 만에 한국에 돌아갔을 때 나는 과연 이곳이 내가 그토록 돌아와 살고 싶던 땅인가 하는 생각을 했다. 10년이면 강산도 변한다더니 고국은 많이 변해 있었다. 하지만 고국의 변화만큼이나 나 역시많이 변해 있었다. 그렇다고 이제 정착하기 시작한 오칼라가 내가 영원히 살 땅은 더욱 아닐 것이다. 오칼라 역시 '외국인과 나그네로 증거하며' 살아야 할 새로운 땅일 뿐이다. 처음 본 오칼라는 삭막하기 그지없는 땅이더니, 하나님이 지목하여 가라셔서 다시 보니 더없이 거룩한 땅으로 여겨졌다.

거룩한 땅

1991년 7월 나는 드디어 오칼라로 와서 병원 일을 시작했다. 마침 텍사스 심장센터에서 나와 함께 수련을 받았고 리틀록 침례병원에서 일하던 닥터 카켄달(Kuykendal)도 오칼라에 합류했다. 결국 텍사스 심장센터에서 훈련받은 동문 셋이서 심장병원을 시작하게 된 것이다. 닥터카마이클은 말할 것도 없고 닥터 카켄달도 아칸소(Arkansas)에서 심장이식 수술을 처음으로 성공시킨 명망 있는 의사였다. 그런 사람들과 동료로서 일하게 되어 하나님께 감사했다.

시골 촌놈을 서울에 있는 의과대학에서 공부하게 하시고, 말 한마디 못하는 미국 생활을 견디게 하시더니, 감히 엄두도 낼 수 없는 아칸소 병원에서 심장외과 의사로 훈련받게 하셔서 여기까지 인도하신 하나님의 지혜를 무슨 말로 표현할 수 있을까. 보이는 땅이 영원한 내 땅은 아니지만 하나님이 가리키시는 새 하늘과 새 땅을 바라보며 나는 오칼라로 왔다.

나는 '제일 일찍 출근하고 제일 나중에 퇴근하자. 어렵고 힘든 일은 내가 먼저 하자'는 각오로 일하기 시작했다. 복음의 역사는 나에게서, 가정에서 그리고 이 직장에서 먼저 증명되어야 한다고 생각했다.

우리는 매주 수요일 기도회를 가졌다. 아침 7시에 모여 환자들의 상태와 그에 대한 의견을 교환한 후 그들을 위한 기도를 간절하게 했다. 기도회는 의사라는 우리의 사명을 일깨워 주었고 같이 일하는 동료를 하나되게 했다. 무엇보다 우리가 하는 모든 일이 하나님의 일임을 고백하는 시간이어서 더 은혜로웠다. 실제로 우리의 기도는 기적을 낳았는데, 수술 합병증으로 인해 호스피스 병원에 보내기로 결정한 환자가 걸어서 병원을 퇴원하기도 했다.

이후 다른 의사들도 참석하기를 희망해서 병원의 전 직원을 대상으로 한 달에 한 번씩 조찬 기도회로 모이기로 했다. 지역의 훌륭한 크리스천과 목사님을 초청해 말씀도 들었다. 기도회는 우리로 하여금 환자들에게 담대하게 말씀을 전하거나 그들을 위해 기도할 수 있는 힘이 되었고, 무엇보다 전 직원이 더 세심하게 환자를 돌보고 배려하는 풍토를 만들어 줬다.

함께 기도하는 직원들

나는 하루 일과가 비교적 일찍 끝나는 날이면 영적 회진을 돌았다. 나는 의사로서 환자에게 최선을 다하는 것이 복음의 씨를 심는 일이라고 믿는다. 그리고 영적 회진을 돌면서 그동안 심은 것을 거둔다.

심장병은 대개 도둑과 같이 찾아오는 병이다. 우연히 검진 갔다가, 길을 걷다가 가슴에 통증을 호소하는가 하면, 심하면 갑작스런 심장마비로 죽을 고비를 넘기는 경우도 있다. 예고도 없이 갑자기 찾아오는 심장병을 앓는 환자들은 죽음도 그렇게 갑자기 찾아오는 것임을 이해하게 된다. 그러면 지나온 삶을 반추하며 인생과 죽음에 대해 진지하게 고민하게 된다. 지난 세월 왜 그렇게 죽을힘을 다해 앞만 보고 달려왔는지, 그렇게 달리는 동안 잃어버리거나 간과한 것은 무엇인지, 죽음 다음의 생은 무엇인지… 생각이 깊어지게 된다. 그런 환자들의 손을 잡고 수술 전에 기도해 주면 얼마나 감격해 하는지 모른다. 내 책상서랍에는 그동안 환자들이 보내 준 편지들이 수북하게 쌓여 있다.

"당신이 나를 위해 기도해 준 후 나는 편안한 마음으로 수술에 임할 수 있었어요. 감사합니다."
"나를 위해 기도해 준 의사는 당신이 처음이자 마지막일 것입니다."
"나는 죽는 날까지 당신을 위해 기도할 것입니다."

어떤 환자는 20년 동안 한 해도 빠짐없이 수술기념일에 카드를 보내오고 있다.

나는 영적 회진을 돌기 전에 성령님께 먼저 기도한다. 오늘 복음을 나눌 환자를 인도해 달라고 하면 어떤 환자가 마음에 떠오른다. 그러면 그 환자를 찾아가는 것이다. 내가 환자 방에 들어가 침대 곁에 앉아 손을 잡으면 대부분의 환자들은 무장해제된다. 치료가 아닌 이유로 자기를 찾아온 줄 알면 감격해 하면서 내가 말을 꺼내기도 전에 환자 스스로 자기 얘기를 털어놓는다. 그러면 나는 그의 얘기에 끝까지 귀를 기울인다. 환자가 중구난방으로 말하면 대화의 중심을 잡기 위해 몇 가지 질문을 던질 뿐 그의 얘기에 끼어들지 않는다. 그러다 대부분의 환자들은 어느 순간 자기만 떠들고 있다는 것을 깨닫고 "내 얘기만 해서 미안해요, 말씀하세요" 하며 내게 말할 기회를 준다. 이때가 내게 찾아온 황금시간(Golden Time)이다.

나는 먼저 두 가지 질문으로 상대방의 영적 상태를 진단한다.

"교회 다녀요?

"얼마나 자주 다녀요?"

이 두 가지 질문만 하면, 그가 자신을 그저 문화적인 크리스천이라고 생각하는지, 습관에 따라 교회를 다니는지, 주님을 만났는지를 대충 알 수 있다. 그러나 교회를 다니고 있고 스스로도 크리스천이라고 믿는 사람은 많지만 참 신앙을 가진 사람은 매우 드물다. 내가 만난 사람들 대부분이 복음이 필요한 사람들인 것이다. 나는 짧게는 10분, 길게는 1시간 동안 복음을 전하는데, 감사하게도 많은 사람들이 주님을 영접했다. 그리고 주님을 만난 환자들은 공통적으로 이런 말을 한다.

"내가 심장병을 얻은 것은 모두 하나님을 알게 하기 위해서다."

"심장병보다 더 큰 병을 고쳤다."

나는 이런 얘기를 들을 때면 모세의 지팡이를 떠올리며 하나님께 감사한다. 모세가 버렸던 지팡이를 다시 집었을 때 하나님의 능력의 지팡이가 되었듯이, 신학교 문턱까지 갔다가 다시 의사의 길을 걸었을 때 내게 의사라는 직업은 하나님의 능력의 지팡이가 되었다.

어느 환자의 방에 들어갔을 때였다.

"어떻게 왔어요?"

환자는 내게 자기 속내를 내보일 생각이 전혀 없어 보였다. 나는 단도직입적으로 "내가 아는 예수님에 대해 얘기하러 왔어요"라고 대답했다. 그러자 의외로 "한번 해 봐요" 했다. 나는 당신이 이렇게 젊은 나이에 심장수술을 받게 된 것은 하나님이 당신에게 무슨 할 말이 있기 때문일지도 모른다고 말했다. 그리고 그 말씀이 무엇인지를 나는 안다고 말해 줬다.

"당신이 나의 문제와 그 답을 알고 있다고?"

그는 상당히 놀라는 눈치였다. 나는 나의 가는 길을 돌려 세워 주님이 만나 주신 얘기부터 시작해서 성경에 나타난 예수님에 대한 이야기를 해줬다.

"이해가 되세요?"

마침내 이야기를 마치고 그에게 묻자 그는 아까와 달리 미소를 지으며 말했다.

"당신 얘기가 재미있어서 내가 유대인이란 걸 말하지 못해 미안해요. 내가 지금까지 알고 있는 것과 다른 얘기를 해 줘서 재미있었어요.

내가 병원을 나가면 꼭 성경을 읽어 볼게요."

한번은 40대 중반의 환자 방에 들어갔다. 환자는 내가 왜 그 시간에 나타났는지 다 안다는 듯이 몹시 반가워하며 자기 얘기를 털어놨다. 그는 하나님의 잃어버린 수많은 양들 중 하나였던 것이다. 지금 이 시간에도 세상에는 수많은 사람들이 우리의 방문을 기다리고 있다.

"교회는 다녔지만, 뭐 믿음이 있어서 그런 것은 아니고 집안의 평화를 위해 다녔죠. 최근에 직장을 잃고 아내와 갈등이 심해지면서 이혼을 들먹이다 심장마비가 와서 응급실로 실려 온 거죠."

그는 다행히 수술이 잘돼 감사하다고도 했다.

"하지만 심장이 아픈 것보다 마음이 더 아파요. 내가 이렇게 될 줄 알았다면 사랑하는 아내와 아이들에게 그렇게 하고 살지 않았을 거예요. 이제야 무엇이 중요한지 알 것 같아요. 그렇게 하잘것없는 것들에 목을 매고 산 내가 너무 불쌍하게 느껴져요. 이제 더 이상 그렇게 살지 않을 거예요."

나는 환자의 얘기를 끝까지 들어 준 다음 당신을 위해 기도하겠다고 말하고 그의 방을 나왔다. 하나님께서 지금 이 환자에게 무언가를 하고 계심을 알았기 때문이다. 나는 그가 퇴원할 때까지 짧은 대화를 나누는 중에 복음의 기초를 하나하나 쌓아 갔다. 복음을 한 번에 전할 때도 있지만 이렇게 시간을 두고 하나하나 쌓아 갈 필요가 있는 때도 있다. 나는 여건만 된다면 이렇게 시간을 두고 복음의 전체 내용을 전하는 것이 좋다고 생각한다. 그리고 이 경우가 훨씬 좋은 열매를 맺게 된다.

나는 그가 퇴원하고 나서 3주 후에 있을 마지막 검진 날을 '그날'로 잡았다. 그의 건강 상태는 거의 정상에 가까웠다.

"당신, 나와 함께 성경 한번 읽어 보지 않겠어요?"

검진을 마치고 그에게 이렇게 물었다. 그러자 그는 기다렸다는 듯이 "너무 좋지요. 할 일도 없는데" 했다.

그렇게 해서 우리는 성경공부를 시작하게 되었고 며칠도 안 돼 열매를 맺었다. 나는 초신자들에게는 항상 요한복음으로 공부하면서 복음을 전한다. 그는 요한복음에 기록된 니고데모 이야기를 읽는 중에 주님을 영접했다. 이후 그는 눈에 띄게 삶이 변화되었고, 얼마 후 기쁜 소식을 전했다.

"잃었던 직장을 다시 찾았고 아내와도 화해해서 가정을 다시 이뤘어요. 이렇게 기쁜 날이 다시 올 줄 정말 몰랐어요."

내가 아무리 수술을 잘해도 의학 기술로는 죄된 영혼을 살릴 수 없다. 그러나 하나님은 의학 기술을 가진 나를 사용해 죽어 가는 영혼을 살리신다. 진정으로 사람을 치유할 능력을 가진 이는 하나님밖에 없는 것이다.

이 환자를 계기로 우리 병원에는 환자를 위한 성경공부 모임이 생겼다. 수술 후 회복되어 퇴원한 환자들은 3주 후에 검진을 받으러 오는데, 우리는 이때 조그마한 명함을 환자에게 주며 성경공부에 초대한다. 명함에는 시간과 장소는 물론 초대의 글도 실었다.

"어려운 수술 과정을 거치는 동안 우리는 하나님께서 당신의 삶에 특별한 은혜를 베푸신 것을 믿습니다. 우리는 하나님께서 앞으로 당신의 삶에 어떠한 일을 하실지에 대해 말씀으로 공부하고 기도하는 시간을 갖기를 원합니다."

환자를 위한 성경공부 모임은 매주 화요일 5시로 정했다. 그런데 이 성경공부는 시작부터 여러 문제가 있었다. 모이는 환자들의 나이도 다르고 살아온 배경도 다르고 해서 여러 가지 제약이 따른데다 무엇보다 우리는 너무나 바쁜 나날을 보내고 있었다. 그럼에도 1년을 끌고 갈 수 있었던 것은 전적인 하나님의 은혜였다. 아니 어쩌면 내가 막 복음을 전한 이 환자를 위한 일이었는지도 모른다.

내게는 아칸소에서 오칼라로 오기로 결정할 때 한 가지 소망이 있었다. 이렇게 신실하고 열성적으로 복음을 전하는 동료를 만났으니 진정한 '치료사역'(Healing Ministry)을 해 보고 싶다는 소망이었다. 육신의 치료는 물론이고 영적인 치료까지 이루어지는 전인적인 치료를 할 수 없을까? 이 두 가지는 분리된 것이 아니라 오히려 서로 밀접한 연관을 가지고 있는데도 오늘날 의료의 현실은 육신의 치료에만 힘을 쏟고 있지 않은가! 그래서 우리는 오랜 시간 토론과 회의 끝에 이 두 가지를 합친 치료의 효과를 과학적인 분석으로 증명해 보자는 데 합의를 했다. 이를 위해 우리는 먼저 간단한 성경 말씀이 들어간 찬양 테이프를 제작했다. 기독교방송의 아나운서가 이 테이프 제작에 도움을 줬다.

환자가 수술을 받기 위해 병원에 들어오면 무작위로 스터디 그룹 (Study Group)과 컨트롤 그룹(Control Group)으로 나눈 뒤, 스터디 그룹 에만 수술 전과 수술실, 수술 후에 이 테이프를 듣게 하는 것이다. 그런 다음 퇴원할 때 각 그룹의 호전 상태를 데이터로 분석해 보자는 것이다. 데이터 자료에는 합병증이 생기는 비율, 약물을 쓰는 빈도, 병원 체류 기간, 사망률 등이 들어갈 것이다.

그러나 아쉽게도 이 실험은 여러 가지 난관을 만나 논문을 쓰는 데까지는 가지 못했다. 가장 큰 이유는 법적인 문제였다. 병원 행정실에서도 우려를 나타냈고, 이 스터디 그룹을 맡을 간호사들의 반응도 다양해서 중도에 포기해야 했다. 하지만 우리는 다른 평가를 통해 우리가 하고 있는 일이 효과가 있음을 증명할 수 있었다.

미국에서는 심장수술을 하면 모든 환자들의 정보를 전국적인 데이터 베이스에 입력하는 규정이 있다. 합병증이 생기는 비율이나 사망률, 입원 기간, 입원 중 들어간 비용 등 크게 4가지 측면에서 통계를 낸다. 이렇게 해서 매년 각 개인과 각 병원의 성적을 발표하는데 우리 병원은 항상 최상위에 속했다. 미국 전역에서 12개의 가장 훌륭한 심장수술 병원에 지정되는가 하면, 매년 발표되는 100개의 우수 심장병원에 대학병원이 아닌 개인 병원으로서는 유일하게 10년 연속 선정되기도 했다.

이렇듯 수술 성적이 좋다는 정평이 나면서 많은 병원들이 우리 병원을 벤치마킹하기 위해 다녀 갔다. 그러나 그들은 우리 병원의 시스템을 배울 수는 있어도 우리가 하는 영적인 사역까지는 배우기 힘들 것이고, 그렇다면 우리와 같은 결과를 얻기는 힘들 것이다. 우리 병원은 빠른 속도로 명성을 얻었으며, 1년에 수술을 1,500건이나 하는 큰 병원으로 발전했다.

환자의 아픔을 통해 말씀하시는 하나님

우리와 오랫동안 같이 일했고 나와는 종종 테니스도 함께 치는 사이인 아주 친한 심장내과 의사로부터 자기 친구의 수술을 해달라는 부탁을 받았다. 이 환자는 뇌로 들어가는 목에 있는 혈관이 막힌 경우인데 대개 30~40분이면 수술을 마칠 수 있었다. 그런데 막상 수술을 위해 열고 보니 소견과 달리 막힌 혈관이 뇌 깊숙이 진행되어 있어서 끝이 보이지 않았다. 보통은 뇌혈관을 10분간 차단하고 수술하는데 30분이 지나도 끝을 잡을 수 없었다. 뇌혈관을 오래 차단했으니 잘못되면 중풍이 오거나 반신불수가 될 수 있는 긴박한 상황이었다. 등에서 식은땀이 흘렀다.

가까스로 수술을 마무리하고 나오는데 과연 이 환자가 정상으로 깨어날까 너무나 걱정되었다. 만일 환자가 잘못되기라도 한다면 그를 부탁한 친구의 얼굴을 어찌 볼 것인가! 나는 수술실 옆방으로 가서 무릎을 꿇고 기도했다.

"하나님, 이 환자가 정상으로 깨어나게 해 주세요."

그 순간 성령의 음성이 내 마음에 들렸다.

"네가 작금에 내게 저지른 죄는 어떻게 하고!"

나는 깜짝 놀랐다. 병원의 평판이 높아지고 만나는 사람들에게 "당신이 최고야"(You are the best)라는 소리를 듣다 보니 나도 모르게 교만해졌다. 그리고 그날 내가 한 기도 역시 하나님의 영광이 아닌 나의 영광을 구하는 기도였다. 나는 내 죄를 보고 진심으로 회개했다. 잠시 후 나는 마음의 평안을 되찾고 환자에게 갔다. 환자는 감사하게도 아무런 이상 없이 깨어나 있었다. 나는 하나님을 찬양했다.

하나님은 이렇듯 내가 진심으로 회개하면 내 마음에 평안을 주시는 것으로 응답하신다. 그리고 하나님은 언제든지 우리에게 말씀하기를 원하신다. 우리가 말씀을 보고 기도를 해야 하나님이 말씀하실 수 있고, 그래야 우리 죄를 보고 회개할 수 있고, 하나님의 뜻에 따라 살아갈 수 있다.

나는 이 책을 쓰다가 중간에 2년 동안 중단한 적이 있다. 이것이 나의 영광을 구하는 일이 아닐까 하는 회의가 들어서였다. 그런 시간을 보내는 동안 하나님께서 담대한 마음을 주셔서 이 책을 마무리할 수 있었다.

하루는 심장조형실에서 급히 찾는 방송을 듣고 달려갔다. 72세 된 남자 환자가 심장마비로 응급실에 들어왔는데 사진을 찍어 보니 좌측 주관상동맥(left main)이 100% 막혀 있었다. 대개 이런 경우는 발병과 함께 그 자리에서 죽음에 이르는데 이 환자는 기적적으로 살아서 혈관 조형실까지 오게 된 것이다. 그러나 이미 폐에 물이 찼고 심장은 멎기 직전이었다. 심장병 환자들은 이렇듯 혈관이 막히도록 전혀 증상이 없는 경우가 간혹 있는데, 이런 경우 갑자기 혈관이 막혀서 죽거나 살아서 병원에 와도 심장이 심하게 손상되는 경우가 대부분이다.

우리는 즉시 수술실로 환자를 옮기고 멎기 직전의 심장을 체외순환기에 걸어 심장을 멈추었다. 이런 경우는 특히 심장이 손상된 상태이므로 가능한 빨리 수술을 끝내야 한다. 그래서 심장수술은 시간과의 싸움이다. 짧게 심장을 멈출수록 심장에 부담이 덜 가기 때문이다. 혈관우회로술을(Bypass) 빨리 끝내고 심장에 멈추었던 피를 다시 보내면 심장이 다시 뛰기 시작하는데 이때가 가장 긴장되는 순간이다. "육체의 생명은 피에 있음이라"(레 17:11)는 말씀처럼 피를 멈추고 심장을 멎게 했다가 다시 피를 심장으로 보내면 심장이 다시 살아 뛰기 시작한다. 그러나 심장이 뛰기 시작했어도 수술하기 전 2시간이나 피가 통하지 않아 심장이 손상된데다 다시 수술하느라 심장을 멈췄으니 금방 기능이 회복되지는 못한다. 이럴 때는 체외순환기를 계속 돌리며 심장 기능이 회복될 때까지 기다려야 한다. 이때가 내가 기도하는 시간이다. 이때만큼 나는 하나님의 임재하심을 간절하게 소망하는 때가 없다. 제발 내가 한 수술이 성공적으로 끝나길 초조하게 기다리며 심장에 안수를 하고 하나님의 치료의 손길을 간구한다.

심장이 소생하기를 기다리는 동안 나는 수술실에서 나와 대기실에서 기다리는 환자 가족들을 만났다. 환자가 아무런 예고도 없이 찾아온 죽음 앞에서 사투를 벌이는 동안 가족들은 사랑하는 사람이 제발 깨어나기를 바라며 거의 초주검이 되어 있었다. 가족들은 몇 시간 뒤에 여행을 떠나기로 되어 있었는데 여행 중에 이런 일이 생기지 않은 것이 정말 다행이라고 했다. 나는 환자의 결과를 설명하면서 수술은 잘되었으나 과연 심장이 제대로 기능을 회복할지는 두고 봐야 한다고 말했다. 급히 달려온 자녀들이 "아버지를 살려 달라"면서 울부짖었다. 나는 가족들과 손을 잡고 간절히 기도했다.

다시 수술실로 돌아오자 환자의 심기능이 전보다 많이 회복되어 있었다. 여러 가지 약물 조치를 하자 마침내 심폐기를 떼어도 심장이 스스로 기능을 회복하기 시작했다. 수술에 참가한 모든 사람들이 환호성을 질렀다. 환자가 살았으니까. 중환자실로 옮겨진 환자가 빠른 속도로 회복되는 동안 나는 아내와 자녀들과 여러 가지 이야기를 나누며 같이 기도했다.

그런데 환자를 중환자실에서 일반 병실로 옮기기로 한 토요일 아침에 전화가 왔다. 환자의 상태가 갑자기 나빠졌다며 급히 오라는 것이었다. 달려가 환자의 상태를 보니 심기능이 극도로 나빠져 있었다. 초음파로 심장 기능을 보니 심장이 멎기 직전이었다. 수술하기 직전의 상태로 돌아간 것이다. 순식간에 치료에 참여한 의사들이 모이고 긴급회의가 열렸으나 아무도 선뜻 입을 열지 못했다. 서로 얼굴을 쳐다보며 고개만 저을 뿐이었다.

나는 그 환자의 보호자들을 만나 이 사실을 알리고 마음의 준비를 하라고 말했다.

"며칠이나마 같이 대화를 나눌 수 있었던 것에 감사합니다. 그동안 수고해 주셔서 감사합니다."

가족들이 오히려 나를 위로했다. 그들의 손을 잡고 기도한 뒤 집으로 돌아왔는데 너무나 실망스러워 마음이 힘들었다. 부인이 내게 했던 말이 생각나서 더 안타까웠다.

"나에게 남은 것이라곤 남편밖에 없는데 남편을 돌려줘서 너무 감사합니다."

비통한 마음이 좀처럼 회복되지 않아 '그냥 좀 회복되게 해 주시지…' 하는 하나님에 대한 원망이 새어나왔다.

집 안에 그냥 있을 수 없어 밖으로 나왔더니 우물의 필터를 오랫동안 교체하지 않은 것이 생각났다. 우리는 우물에서 물을 길어 쓰고 있었다. 필터를 정기적으로 갈아 줘야 하는데 너무 오랫동안 방치했는지 손잡이를 아무리 돌려도 꿈쩍도 하지 않았다. 순간 짜증이 나서 하나님께

퉁명스럽게 "이것만이라도 좀 도와주시죠" 했다. 다음 순간 필터를 돌리는데 누가 열어 놓기라도 한 것처럼 그냥 열리는 것이 아닌가. 나는 그 순간 땅바닥에 주저앉았다. 그때 하나님의 세미한 음성이 내 마음에서 들렸다.

"너는 나에게 이 하찮은 필터는 열어 달라고 하면서 중환자실의 환자를 위해 내게 불평이나 했지 아침부터 이때까지 진정으로 내게 기도한 적이 있느냐?"

나는 하던 일을 버려두고 다시 서재로 들어가 기도하기 시작했다. 환자를 위한 기도라기보다 나에 대한 기도였다. 나는 이미 해결을 보았다고 생각했던 죄들이 끝없이 나타나는 구제불능의 자녀였다. 조금 일이 잘되면 자기가 잘나서 된 것처럼 우쭐대고 일이 잘못되면 하나님의 탓으로 돌리는 이기적이고 자기중심적인, 정말 소망이 없는 불순종의 아들이었다. 나는 하나님 앞에 엎드려 나의 죄를 회개했다.

그러는 사이 4시간이나 흘렀고, 모든 죄를 토해 내고 나니 마침내 마음의 평안이 찾아왔다. 성령 충만이란 바로 이렇게 하나님의 임재하심 가운데 있는 상태를 말하는 것이리라!

아직 중환자실에서 전화가 오지 않는 걸로 봐서 환자가 살아 있는 게 분명했다. 전화해 볼까 망설이는데 간호사한테 전화가 왔다. 조금 전부터 환자의 혈압과 맥박이 정상으로 돌아오고 있다는 것이었다.

나는 전화를 끊고 바로 중환자실로 달려갔다. 예상대로라면 환자는 지금쯤 이 세상 사람이 아니어야 했다. 그런데 환자는 내 눈을 의심할 만큼 상태가 아주 좋아져 있었다. 너무 기뻐서 나는 가족들과 포옹을 하고 기도를 한 뒤 집으로 돌아왔다. 그 후로 환자는 별 문제없이 회복되어 퇴원했고 마지막 검진을 받으러 왔을 때 부인이 큰 액자 하나를 가지고 왔다. 미시간 호수의 등대지기를 그린 그림인데 제목이 'Keeper of Light'(등대지기)였다. 부인은 내가 바로 자기 남편의 생명을 지켜 준 등대지기라면서 감사해 했다.

나에게 이 환자는 죽은 나사로를 살리신 하나님의 기적이었다. 나는 이 환자가 나의 기도로 죽다가 다시 살아났다고는 생각하지 않는다. 그동안 이 환자를 위해 기도해 온 수많은 가족과 친지들이 있을 뿐만 아니라, 생명을 이 땅에 내어 놓고 거두시는 하나님의 일이 고작 한 사람의 기도에 의해 좌지우지될 일이 아님을 알기 때문이다. 하나님이 생명을 다루시는 신비한 손길을 어찌 우리의 좁은 소견으로 해석할 수 있단 말인가.

그러나 나는 이 일을 통해 분명히 알게 된 사실이 있다. 우리의 생명이 하나님의 절대주권하에 있다는 사실과, 이를 통해 하나님께서 나를 다루시고 훈련하신다는 사실이다. 나는 하나님의 거룩한 자녀로서 심장수술을 한다. 그때마다 하나님이 주관하시는 신비한 생명의 세계와 대면하게 된다. 의학적이고 과학적인 지식만으로는 설명할 수 없는 사건들과 대면하는 것이다. 그때마다 나는 이것이 하나님이 나를 향한, 또

170

한 환자와 가족을 향한 대화요 부르심이라고 믿는다.

　50대 중반의 남자가 심장마비로 입원을 했다. 심장 관상동맥 수술을 해야 하는데 여러 가지 합병증으로 상태가 너무 나빠져 수술을 할 수가 없었다. 며칠 후 어느 정도 회복되어서 일단 퇴원했다가 재입원해서 수술하기로 했다. 다시 입원했을 때는 기력도 회복되고 상태도 수술받기에는 무리가 없어 보였다. 그런데 막상 수술을 하고 나니 다시 모든 합병증이 나타나서 여러 번 어려운 고비를 넘겨야 했다. 시간이 오래 걸리기는 했지만 회복되어 퇴원해서 외래에서 매주 치료를 받게 됐다. 드디어 마지막 검진 날이 되었다.

　"이제 다 회복되었으니 내가 알려 준 주의사항만 잘 지키면 큰 문제가 없을 겁니다. 앞으로는 나에게 더 이상 올 필요가 없고 내과 주치의의 지시에 따르도록 하십시오."

　"감사합니다."

　"혹시 질문이 있으세요?"

　"내가 평생 앓고 있는 이 우울증을 치료할 무슨 방법이 있을까요?"

　외과 의사인 나에게 할 질문이 아니라고 생각해서인지 그는 지나가는 말로 물었다. 나는 그제야 이 환자가 그토록 회복이 어려웠던 이유가 이 우울증과 관련된 게 아닐까 생각했다. 그는 내게 시간이 괜찮냐고 묻더니 우울증으로 고생한 이야기를 털어놨다. 그는 부동산 개발업으로 상당히 성공적인 인생을 살았으나 우울증이 찾아오면 한 달이고 두 달이고 집 밖으로 나가지 않았고, 자살 충동 때문에 여러 번 자살을 시도했다고 했다. 당연히 결혼생활도 쉽지 않아서 지금 세 번째 부인과 살고 있다고 했다.

"당신을 위한 약이 있는데 한번 복용해 보실래요?"

그는 내가 무슨 말을 하려는지 금세 알아차렸다. 그동안 그를 치료하며 복음의 씨앗을 뿌려 온 터였다.

"좀 더 회복되면 연락하죠."

그렇게 우리는 헤어졌고, 한 달쯤 지났을 때 그에게서 만나러 가도 되겠느냐는 전화를 받았다. 이후 우리는 화요일마다 성경공부로 만났다. 내가 성경을 가르치는 입장인데도 그는 나보다 더 많은 말을 했다. 놀라운 것은, 나보다 더 많은 말을 하면서 그는 자신의 생각을 정리했고 서서히 주님께 다가갔다. 많은 사람들에게 복음을 전해 봤지만 이런 경우는 처음이었다. 그는 오래 걸리지 않았다. 드디어 그는 나와 기도하며 주님을 자신의 삶의 주인이요, 구주로 영접하고 기쁜 마음으로 돌아갔다. 그 다음 주에 다시 만났을 때 그는 놀라운 말을 했다.

"당신은 믿을 수 없을지 모르지만 평생을 앓던 우울증이 한순간에 사라졌어요. 세상이 달라 보여요."

우울증은 잘 치료되지 않는 병인데 놀라웠다. 그는 똑똑했고 단편적이기는 하나 성경적인 지식도 있어서 내가 방향만 잡아 주면 스스로 말씀의 진리를 찾아갔다. 그리고 내게 자기 내면의 문제를 털어놓음으로써 우울증도 스스로 치료해 나갔다. 때때로 우울증이 재발하기도 했지만 예전과는 비교도 안 된다고 했다. 그러면서 이 우울증이 자기가 하나님과 동행할 수밖에 없게 만드는 육신의 가시라고 말했다.

이것이 복음의 능력이다. 주님은 오늘도 살아 계셔서 마음을 열고 주님을 영접한 그의 자녀들에게서 어두움을 몰아내고 과거의 상처가 묶고 있는 압제를 풀어 자유를 선물로 주신다.

직장에서 말씀 사역

하나님은 말씀 묵상 중에 바로 깨닫게 하시기도 하지만 환경과 사건과 사람들을 통해서도 말씀하신다. 나는 늘 오늘은 어떤 말씀을 하실지 예민하게 귀를 기울인다.

하루는 심장수술실에서 일하던 마취과 조수가 자살하는 사건이 발생했다. 뉴스에서나 듣던 일이 가까이에서 일하던 동료에게서 일어났으니 충격이 이만저만한 게 아니었다. 무엇보다 각 사람이 사건을 해석하는 논리를 듣다 보니 그들의 삶에 하나님이 없음을 알고 내가 이들을 위해 무엇을 할 수 있을까 고민하기 시작했다.

오래전부터 나는 두 명의 간호사에게 복음을 전할 기회를 두고 기도하고 있었다. 나는 그때가 바로 이때다 싶어 그들에게 성경공부를 같이 하겠느냐고 물었다. 뜻밖에 그들은 기다렸다는 듯이 그렇게 하고 싶다고 했다. 한 간호사가 또 한 사람을 추천해서 그러면 다 초청하기로 했다. 우리는 일주일에 한 번 아침 6시에 모여 성경공부를 하기로 하고 첫날 모였는데 8명이나 참석했다. 주변에는 이렇듯 우리의 초대를 기다리는 사람이 많음을 다시 한 번 느꼈다.

나는 성경공부를 인도할 때 가장 먼저 대상이 누구든지 주님을 아는지부터 점검한다. 의외로 교회는 다니는데 습관적으로 신앙생활을 하는 사람들이 많다. 마음 깊이 주님을 만나지 못한 목자 없는 양 같은 이들이 많은 것이다. 그래서 나는 무엇보다 이들이 주님을 만날 수 있도록 인도하는 일에 힘쓴다. 그런 다음 주님을 믿는 자들이 실제적인 삶에서 어떻게 주님의 제자로 살아갈 수 있는지를 가르친다.

간호사들과 함께한 성경공부는 1년간 지속되었고, 그러는 중에 우리는 말씀으로 치유되고 자유해지고 평안해지는 체험을 했다.

하나님은 말씀으로 그들의 삶 깊은 곳의 상처들을 치료하시고 그들의 삶에 대해 새로운 해석을 하도록 하셨다. 우리 인생의 수많은 문제들에 대한 하나님의 대답은 항상 동일하다. 예수 그리스도를 아는 것으로 인생의 크고 작은 문제들을 다시 해석하게 하셔서 자유와 평안을 주신다. 예수님의 십자가는 내 인생에서 일어나는 문제들이 내면세계에서 비롯된다는 것을 깨닫게 만들어 세상이 구축한 허상에서 벗어나 자유하게 해준다.

하지만 우리가 이 성경공부를 위해 이른 아침에 한 시간을 낸다는 것은 어지간한 은혜가 아니고는 힘든 일이었다. 그래서인지 우리 사이에는 동료애가 생겼고, 수술실에서도 서로 연합해 좋은 결과를 만들어 낼 수 있었다. 수술 중에는 찬송가 테이프를 틀어 놓고 수술했고, 수술 중에 어려운 일이 생기면 조용히 기도하며 기다렸다.

오칼라 심장병원에는 사무실에만 50여 명의 직원이 있다. 병원은 한 달에 한 번 금요일 아침에 이들을 위해 아침식사를 대접했는데, 하루는 카마이클이 내게 이 아침식사 시간에 나가서 직원들과 교제하며 격려해 달라고 했다. 그런데 자매들이 나를 둘러싸고 신앙에 관한 질문을 쏟아 내서 그 짧은 시간에 모두 대답해 줄 수가 없었다. 우리는 돌아오는 금요일에 다시 만나서 못다 한 얘기를 나누자고 약속했다. 하지만 다시 만난 자리에서도 여전히 충분한 대화를 나누기에는 시간이 너무 짧았다. 모두 아쉬워하는데 어떤 사람이 성경공부를 하면 어떻겠냐는 제안을 했다. 그렇게 해서 이번에는 사무실 직원들과 함께 성경공부를 하게 되었다. 처음 시작할 때는 6개월가량 예상했는데 무려 3년이나 계속되었다.

신앙의 성숙을 원하나 그렇게 되지 않는 사람들의 문제는 간단했다. 성경을 읽지 않고 기도를 하지 않는 것이다. 따라서 적어도 매일 성경을 읽으며 하나님의 음성을 듣고 기도하는 사람은 신앙인으로서 기본은 갖춘 것이라고 할 수 있다. 그런데 사람들이 이렇게 간단한 해법을 실천하지 못하는 이유가 있다. 성경이 어떤 목적을 가지고 누구를 위해 씌어졌는지를 모르기 때문이다. 또 기도는 무엇을 어떻게 누구에게 해야 하는지를 모르기 때문이다.

나는 성경공부를 시작하기 전에 돌아가면서 자기 얘기를 하도록 한다. 먼저 이들이 지금 당장 무엇이 필요한지를 알아야 하기 때문이다. 그런데 이렇게 자기 얘기를 하다 보면 이 그룹에 대한 소속감 같은 것이 생기는 것 같다.

"모태신앙으로 평생 교회를 다녔지만 나한테 예수님에 대해 말하라면 주일학교 때 배운 몇 가지밖에 할 말이 없어요. 습관적으로 교회를 다녀서 감동도 없죠. 그래서 교회를 그만 다녀야 하나 고민하던 참이었어요."

이렇게 말한 자매는 처음에 내가 하나님은 인격적인 분이시며 우리와 대화하기를 원하신다고 설명했을 때 도무지 이해할 수 없다는 표정을 지었다. 그 후로도 오랫동안 이 사실을 이해시키기까지 애를 먹었는데, 그런 자매도 성령께서는 말씀으로 하나하나 이해시키시고 주님과 만나게 하시며 마침내 믿음의 길을 걷도록 이끄셨다. 자매는 노처녀였는데 예수님을 인격적으로 만난 뒤 결혼에 골인했다.

가톨릭 신자였던 한 자매는 하나님이 너무 원망스럽다면서 더 이상 하나님께 가까이 갈 수도 없고 가고 싶지도 않다고 했다.

"그분은 내게 무엇을 요구하시는 분이지 내게 무엇을 베풀어 주시는 분이 아니에요."

자매가 하나님을 원망하는 이유는 이랬다. 그녀는 부모 형제가 살고 있는 고향에 내려가 사는 것이 평생의 소원인데 나이 쉰이 되도록 그러지 못하고 있다는 것이다. 이 때문에 부부간에도 갈등을 겪고 있다고 했다.

나는 자매에게 "모든 지각에 뛰어난 하나님의 평강이 그리스도 예수 안에서 너희 마음과 생각을 지키시리라"(빌 4:7)는 말씀과 "너는 사람이 그 아들을 징계함같이 네 하나님 여호와께서 너를 징계하시는 줄 마음에 생각하고"(신 8:5)라는 말씀을 설명했다.

"자매님이 예수님을 깊이 만나 그분의 자녀가 되면 반드시 두 가지 중 하나로 평생의 소원에 대한 응답을 받을 것입니다. 하나는, 남편의 생각을 돌리고 환경도 바꿔서 고향으로 돌아가는 것이고, 다른 하나는, 자매님의 생각이 바뀌어 더 이상 고향으로 돌아가는 것이 문제되지 않는 것입니다."

얼마 후 자매는 주님을 개인적으로 만난 뒤 모두가 모인 자리에서 이렇게 고백했다.

"나는 그동안 엉뚱하기 그지없는 일로 내 인생을 허비했다는 생각이 듭니다. 고향으로 돌아가고 안 가고가 문제가 아니라 내 삶에 대한 불만이 문제였음을 알았어요. 이제 고향에 돌아가지 않아도 돼요. 남편과도 화해했어요."

자매는 그러고 나서 얼마 후 보스턴으로 이사를 갔는데, 거기서 몇 년 더 산 뒤 결국 고향으로 내려가게 되었다고 연락이 왔다. 하나님의 음성을 듣기만 하면 삶에 변화가 일어나서 성숙한 크리스천으로 성장해 가는 것을 본다. 내가 할 일은 그들이 하나님의 음성을 듣도록 마음을 다해 인도하는 것이다.

어느 저녁 오칼라에 있는 한인 의사들 모임에 나갔다. 아름다운 미국인 부인과 세 자녀를 둔 어떤 한인 의사가 내게 다가와 자신의 얘기를 털어놨다. 이전에 한 번도 개인적인 얘기를 나눠 본 적이 없기에 의아했지만, 그즈음 나는 조찬 기도회를 비롯해 여러 팀과 성경공부 하는 것이 주변에 알려져 '랍비'(Rabbi)라고 불렸다. 여러 사람이 모인 자리에서 그는 아랑곳 않고 내게 자신의 속 깊은 얘기를 털어놨다. 나는 그의 얘기를 끝까지 들은 다음 내일이 주일인데 같이 교회에 가지 않겠느냐고 물었다. 그러자 그는 선뜻 그러자고 말했다.

다음 날 우리는 교회에서 만나 예배를 드린 다음 점심을 먹으러 갔다. 그 자리에서 그는 다시 2시간이나 자신의 얘기를 쏟아 냈다. 미국인 부인과의 갈등이 가장 큰 것 같았다. 나는 끝까지 듣고 나서 성경공부를 해 보지 않겠느냐고 물었고, 그는 기다렸다는 듯이 "다음 주부터 할 수 있는데 무슨 요일이 좋아요?" 했다. 그렇게 해서 그와는 매주 화요일에 만나 성경공부를 하게 되었다.

그는 아내와 갈등의 골이 깊어서 어쩌면 이혼해야 할지도 모르겠다고 했지만 내가 보기에 문제는 별로 대단하지 않았다. 아내가 얼마 전부터 길고양이를 데려다 키우기 시작했는데 이 고양이가 자기 침실에 들어오는 것이 참을 수 없다는 것이었다. 그러면서 그는 자신은 아내에게 길고양이보다 못한 존재라고 했다. 지금이라도 아내가 고양이를 다른 곳으로 보내면 모든 것이 정상으로 돌아갈 텐데, 아내는 그럴 생각이 전혀 없어 보인다고 했다.

하지만 설사 그의 아내가 고양이를 집 밖으로 쫓는다 해도 문제는 해결되지 않을 것이다. '과연 그가 생각하는 정상이란 무엇일까?' 나는 여기에 문제 해결의 실마리가 있다고 보았다. 그래서 이를 염두에 두고 성경공부를 하기 시작했다.

고양이와 상관없이 아내와 그 사이에는 생각 차이가 있었음을 아는 데는 오랜 시간이 걸리지 않았다. 그리고 이 생각의 차이는 충족되지 않는 사랑에 기인하는 것임을 발견했다.

세상 사람들은 먼저 용서를 구하지 않을뿐더러 먼저 사랑하고 더 많이 베풀려고 하지 않는다. 누구나 상대방이 먼저 사랑해 주고 먼저 용서해 주기만을 기다린다. 이렇듯 내가 세상의 중심인 이상 나 자신도 평강이 있을 수 없고 부부 간에도 평강이 있을 수 없다. 나 중심적인 삶을 깨는 힘은 복음에서 나온다.

나 중심적인 삶을 하나님 중심의 삶으로 옮기는 순간, 우리는 나 자신을 진심으로 사랑할 수 있으며 그 힘으로 남도 사랑할 수 있다. 그럴 때 부부간에 진정한 사랑과 평강이 깃들게 된다.

> "그는 근본 하나님의 본체시나 하나님과 동등됨을 취할 것으로 여기지
> 아니하시고 오히려 자기를 비워 종의 형체를 가지사 사람들과 같이 되
> 셨고"(빌 2:6~7).

이것이 예수님이 십자가에서 계시하신 것인데, 내가 내 속을 비워 주
님께서 채우시는 새로운 자아가 되기 전에는 진정으로 자신은 물론 남
을 사랑할 수 없다.

그는 이 복음을 받아들여 주님을 영접하고 주의 제자가 된 뒤 아내와
같이 와서 성경공부를 하게 되었다. 우여곡절도 있었고 난관도 있었지
만 우리는 이 만남을 4년이나 계속했다. 지금은 두 사람이 서로 사랑하
는 부부로 행복하게 살고 있으며, 의사인 그는 환자에게 복음을 전하기
위해 힘쓰고 있다.

대가를 지불하고

이렇게 병원에서 간호사들과 사무실 직원들과 동료 의사들과 성경
말씀을 나누며 많은 은혜를 누렸지만, 한편으로 이를 위해 비싼 대가를
치러야 했다.

여러 이해관계가 얽힌 직장에서 말씀으로 하나되는 공동체를 만들어 가려면 인내하고 또 인내해야 했다. 그야말로 인내심 테스트를 당하는 기분이었다. 주님 앞에서 완벽한 사람은 아무도 없건만, 내가 복음이라는 옷을 걸치고 나서는 순간 세상은 사정없이 판단하고 공격한다. 내가 진짜인지 가짜인지 그 속에 무엇이 있는지 테스트하기 바쁘다.

특히 병원에서 의사라는 직분을 가지고 직장 동료들을 섬기는 일은 쉽지 않았다. 어디까지 참아야 하고 어디까지 양보해야 하는지 헷갈릴 때면 직장에서만큼은 주님의 제자가 되는 일을 포기하고 싶었다.

함께 일하는 4명의 외과 조수 중 유일하게 교회를 다니지 않는 이가 있었는데 성격이 괴팍해서 간호사나 직원들로부터 불평이 끊이지 않았다. 더구나 그는 내가 하는 말도 듣지 않았다. 하지만 나는 크리스천으로서 모범을 보여 주기 위해 노력했고, 가능한 친절하게 대하려고 애썼다. 그러다 어느 월요일 그가 나를 보자고 했다. 지난 주말에 당직을 섰는데 내가 자기를 도와주지 않아서 너무 힘들었다면서 내게 따지고 들었다. 순간 인내심에 한계를 느낀 나는 지난 몇 년간 참았던 말들을 단숨에 쏟아 내고 말았다. 지난날에 있었던 일까지 들춰내 조목조목 따졌다. 급기야 해서는 안 되는 말까지 하고 말았다.

"네가 나를 위해 일하는 사람이지 내가 너를 위해 일하는 사람이 아니란 걸 확실히 기억해 둬!"

나도 모르게 튀어나온 말이지만, 이 말은 "나는 네게 월급을 주는 사람이고 언제든 내가 원하면 너를 여기서 쫓아낼 수 있어" 하는 비겁한 협박이었다. 그는 나의 기세에 풀이 죽어 더 이상 아무 말도 못하고 나 갔다. 겉으로 보기에는 그가 풀이 죽어 나갔으니 내가 이긴 것 같지만, 사실은 내가 철저하게 패배한 싸움이었다. 내 마음 깊은 곳에서 '네가 그러고도 주님의 제자라고?' 하는 음성이 들렸지만 애써 '암, 보여 줄 것은 보여 줘야지' 하며 위안 삼으려 했다.

시간이 지날수록 내 어깨는 그 친구가 떠날 때 보였던 것보다 더 처 졌고 비참하기까지 했다. 내가 어떻게 이 싸움에서 졌을까. 후회해도 엎 질러진 물이었다. 하나님께서 나의 삶을 지켜보시고 판단하신다는 생 각이 없었다면 나는 좀 더 권위적이고 무서운 상사로 군림할 수도 있 었을 것이다. 그러면 마음과 마음의 다리는 끊어지고 복음의 역사는 물 건너간 것이다. 주님은 선으로 악을 갚으라고 했는데 나는 악으로 악을 갚았다. 그래서 갚아질 수 있는 것이 과연 무엇이 있단 말인가.

나는 불과 몇 초 사이에 내뱉은 이 한마디의 대가를 치르는 데 2년이 란 시간이 걸렸다. 2년은 그의 마음을 다시 얻기까지 걸린 시간이었다. 언젠가 본 드라마에서 한 거상이 막 장사를 배우려고 온 사람에게 "장 사가 무엇이냐?"고 묻자 "장사는 마음을 버는 것입니다"라고 했던 대사 가 생각났다. 복음을 전하는 일도 마음을 얻는 일일 것이다. 이 일이 있 고 나서 나는 서로 마음을 다치지 않고 잘못을 지적하고 고쳐 나가는 법을 터득하려고 애썼다.

내가 주님의 제자로서 복음을 전하고 영혼을 구원하는 일을 사명으로 여긴다면, 삶에서 그것이 증거되어야 마땅하다. 현실의 내 삶에서 복음에 따라 살고 영혼 구원에 정성을 쏟는 모습이 나타나야 한다. 나의 믿음의 분량이란 곧 내 삶이고 삶은 믿음이 증거되어야 하는 것이다.

> "우리가 알거니와 우리의 옛 사람이 예수와 함께 십자가에 못 박힌 것은 죄의 몸이 죽어 다시는 우리가 죄에게 종노릇 하지 아니하려 함이니"(롬 6:6).

나는 그리스도의 생명을 가진 그 이유 하나만으로 세상을 향해 양보하고 손해보고 져 주면서 살아갈 수는 없는 것인가? 이 말씀이 내 삶에서 증거될 수 없는 것인가? 죽은 자는 말이 없는 법인데 나도 죄와 함께 죽은 자로서 왜 이렇게 말이 많단 말인가? 이렇듯 나의 인격은 끊임없이 복음의 걸림돌이 되지만, 그럼에도 나는 말씀과 기도로 능력을 얻어 나를 이기고 주님께서 승리하실 줄로 믿고 믿음의 길을 가려고 힘쓰고 있다.

지경을 넓히고

수술 결과는 결국 병원의 수익과 직결된다. 수술을 해서 좋은 결과를 내면 병원 이익도 증가하게 마련이다. 우리 병원 소식이 널리 알려지자 플로리다 주에 있는 여러 도시에서 심장수술 허락을 받기 위해 우리에게 자기네 병원에 와서 심장수술을 해 달라는 요청을 해오기 시작했다.

미국에서는 심장수술을 하려면 주정부의 인가를 받아야 하는데 그러려면 어떤 기준에 따른 결과를 낼 수 있음을 증명해야 한다. 우리는 이미 증명된 성적을 가지고 있었다.

이 일이 있기 얼마 전 우리는 우연히 한 명의 의사를 영입하게 되었다. 중국 의료선교 활동 중 알게 된 사람으로, 신앙심이 깊고 능력 있는 의사였다. 당시 그가 일하던 병원의 사정이 좋지 않다는 말을 듣고 그를 영입하기로 하고, 대신에 우리 각자가 휴가 시간을 더 갖기로 했다.

여러 도시로부터 심장수술을 해달라는 요청을 받고 나서 우리는 다른 도시에서도 심장수술을 할 수 있을까 하는 문제로 의논하고 기도했다. 그러던 중 이것이 하나님이 우리에게 주신 새로운 사명(mission)이라는 확신을 갖게 되었다. 우선, 그 도시에는 심장외과 의사가 한 명도 없었다. 더구나 초청하는 병원은 우리가 하고 있는 영적 사역에 대해 좋은 인상을 가지고 있었다. 그리고 무엇보다 우리에게는 빈자리를 채워 줄 준비된 의사가 있었다.

우리는 결론을 내리고 준비하기 시작했다. 처음에는 오칼라 심장센터 초창기 파트너들이 교대로 가서 시작하다가 차츰 새로 온 의사가 맡아서 하기로 했다. 이렇게 해서 오칼라에서 하던 똑같은 모델이 하나

더 생기게 되었고, 지금은 플로리다의 여섯 곳에서 심장외과 의사 15명이 1년에 3,000건의 심장수술을 하고 있다. 예수님을 주님으로 모신 15명의 심장외과 의사가 한마음으로 주님을 섬기고 있는 것이다. 아마 단일 그룹으로는 미국에서 제일 큰 규모일 것이다.

지난 20년 동안 여러 가지 어려움도 있었고 의료 현실도 많이 변화되어 수년 전부터 각 도시별로 재정적으로 독립하기는 했지만, 그 외는 여전히 오칼라 심장센터(Ocala Heart Institute)라는 이름으로 운영되고 있다. 우리 병원은 〈소비자 보고서〉(Consumer Report)라는 권위 있는 잡지가 뽑은 미국에서 심장수술을 가장 잘 하는 병원 50곳에 선정되었다. 플로리다 주에서는 우리가 운영하는 두 곳이 이름을 올렸다.

하나님은 불완전하기 그지없지만 우리가 믿음으로 심은 겨자씨 한 알을 통해 많은 열매를 맺게 하셨다. 나는 11년이라는 긴 세월을 수련의로 보내면서 괜히 세월만 낭비하는 것 아닌가 불안해하기도 하고, 전 재산을 건축헌금으로 바치고 오랫동안 가난하게 살면서 하나님께서 돌려주시지 않는다고 불평도 했지만 하나님은 하나님의 때에 백배 천배로 갚아 주셨다.

"무리를 보시고 불쌍히 여기시니 이는 그들이 목자 없는 양과 같이 고생하며 기진함이라"(마태복음 9:36).

a heart beats ...

CHAPTER 8

제자들의 공동체,
교회와 청년 멘토링

변화된 삶을 사는 주님의 제자들이 모인
공동체에는 '사역'이 생겨난다.

목자 없는 교회

기나긴 수련의 과정은 나를 한 사람의 심장외과 의사로서 준비시키는 동시에, 하나님의 용사로서 전장에 나갈 준비를 마치게 해 주었다. 내가 오칼라행을 결정하는 데 큰 영향을 미쳤던 게인스빌 한인 침례교회의 첫인상은 영적으로 위축된 모습이었다. 목사님과 학생들 간에 갈등도 있었다. 교회의 성도들이 공부하는 유학생이다 보니 교회 안에서까지 이념 논쟁을 벌이곤 했다.

나는 게인스빌 한인 침례교회에 출석하고 나서 한 사람 한 사람 교제해 나갔다. 대학에서 운영하는 아파트 단지가 여러 군데 있었는데 이 단지에 따라 구역이 나뉘어 있었다. 나는 이 구역 모임에 초대를 받기 시작했고, 구역 모임을 다 방문했을 즈음 큐티반을 시작하게 되었다. 당시 나는 여러 교회를 다니며 큐티 세미나를 인도했는데 마지막 모임 때면 언제나 헌신의 시간을 가졌다.

"주님 앞에 서는 날까지 매일 아침 말씀을 묵상하고 기도하는 시간을 갖겠다고 하나님께 서원할 분은 일어서십시오."

대부분이 일어서서 헌신을 약속하지만 정작 실천에 옮기는 사람은 별로 없었다. 그러나 게인스빌 한인 침례교회의 성도들은 달랐다. 석사와 박사 학위를 위해 공부하는 학생이어서인지 성실하게 큐티에 참여했고 시간이 지날수록 삶이 변하는 간증을 쏟아 냈다. 사람들은 같은 말씀을 가지고 묵상했으나 각기 다른 하나님의 음성을 들었다. 이렇듯 매일 말씀을 묵상하며 스스로 샘을 긷는 것을 옆에서 조금 도와주기만 하면 흔들리지 않는 믿음의 삶을 살아가게 된다. 그렇게 스스로 생명의 샘을 긷는 훈련이 된 사람은 주일 설교 말씀도 달리 듣게 된다. 매일 말씀을 읽지 않고 매일 기도하지 않고는 믿음의 사람으로 살아갈 비결이 없다.

나는 몇 백 명이 모이는 교회에서 설교도 해 보았지만, 하나님이 내게 주신 소명은 일대일 양육 같은 소그룹 모임을 통해 한 사람 한 사람에게 구원의 확신을 얻게 하는 일과 제자로 양육해 가는 일이라고 생각한다.

게인스빌 한인 침례교회에서 시작한 큐티반을 통해 좋은 교제를 나눴다. 그중 뛰어나게 영적 성장을 보인 형제가 큐티반을 맡아 주었고 나는 제자양육반을 시작했다. 그 형제는 얼마 후 공부를 마치고 연변 과학기술대학에 선교사로 나가서 20년이 지난 지금까지 사역을 하고 있다.

대학 교회 목회는 특별한 사명이 있어야 가능한 목회다. 무엇보다 사례비가 적고 성도들은 질문이 많고 까다롭다. 더구나 학위가 끝나면 떠나 버리니까 항상 양육해서 떠나보내는 게 일이다.

게인스빌 한인 침례교회 목사님도 부임하신 지는 몇 년 되었는데 내가 갔을 때는 몹시 지쳐 있었다. 마침 좋은 교역자 집회가 열린다는 소식을 듣고 적극 추천을 했다. 목사님은 그곳에 다녀오신 이후로 말씀도 달라지고 열정도 되찾은 듯했다. 교인들도 예배를 통해 은혜를 받으면서 교회에 생기가 돌기 시작했다. 그런데 목사님은 6개월 후 뉴욕에서 열리는 사명자 성회에 다녀오신 후 나를 따로 만나자고 청하셨다.

"목회를 뉴욕으로 옮기기로 했습니다."

교회로서는 폭탄선언이나 다름없었다. 이제 막 교회가 달라지고 있는데 무슨 말씀이냐고 아무리 말려도 목사님은 단호했다.

"그럼 다음 목사님 청빙이라도 해 주고 가셔야죠."

"교회는 정 집사님이 있으니 우린 다음 달에 뉴욕으로 떠나렵니다."

밤늦도록 만류를 했지만 목사님은 요지부동이었고, 나는 하루아침에 교회 살림을 떠안게 되었다. 몇 분 집사님과 유학생들이 전부였으니 어쩔 수 없긴 했지만 나는 당시 교회가 아니어도 매우 바쁜 나날을 보내고 있었다. 가장 바쁜 심장병원의 의사이며, 세 자녀의 아버지요, 한인 2세 청년부를 인도하는 사역자이며, 1년에 두 번 이상 중국 의료선교 여행을 떠나야 했고, 중국 의사들이 수시로 우리 집을 다녀가서 그들을 돌보는 일까지 해야 했다. 그런데 여기에 한 교회의 살림까지 떠맡아야 하는 것이다. 이런 과중한 일들이 영성을 메마르게 할 수도 있다고 생각할 겨를도 없었다.

목회지를 옮기시겠다는 분을 만류할 수 없어 난처해하고 있을 무렵 한 목사님이 떠올랐다.

내가 오칼라에 처음 왔을 때 나의 믿음의 친구이자 동료인 카마이클의 초청으로 어느 성경공부에 참석했는데 주로 의사, 변호사들의 모임이었다. 이 모임을 인도하던 페티트(Petite) 목사님은 한동안 목회를 하시다 수년 전부터 수양회 강사, 상담 치유사역을 하고 계셨다. 말씀이 뛰어난 분이었다.

나는 이분에게 우리 교회 사정을 얘기하고 주일 설교를 부탁드렸다. 페티트 목사님이 흔쾌히 허락하셔서 주일 낮에는 목사님이 설교하면 내가 통역하고 저녁 예배는 내가 설교했다. 목사님의 설교가 워낙 뛰어나서 교회는 별 흔들림 없이 유지되고 있었으나 어쨌거나 목회자 청빙을 서둘러야 했다. 우리는 몇 가지 방침을 정한 뒤 여기저기 수소문해서 청빙을 부탁했으나 3개월 후에야 겨우 한 분을 초청해서 설교를 들을 수 있었다. 그러나 성도들이 모여 가부간 투표를 해 보니 6대 4로 찬성과 반대 의견이 갈렸다. 더구나 반대하는 사람들은 이 목사님을 모셔 오면 자기들은 교회를 떠나겠다고 강경하게 나왔다. 게인스빌에 한인 교회는 이 교회 하나뿐인데 말이다. 하는 수 없이 우리는 기도하며 기다리기로 했다.

얼마 후 다른 분을 청빙했는데, 이번에는 저번에 찬성하던 사람들이 반대하고, 반대하던 사람들이 찬성했다. 이번에도 다시 기도하며 기다리기로 했다. 나는 이런 중에도 하나님의 사명을 가진 목회자를 하나님이 반드시 보내 주실 것이라고 믿었다. 비록 우리 교회는 목회하기 척박한 대학 교회이고, 두 번이나 이렇게 청빙을 두고 의견이 갈리는 아직 성숙하지 못한 교회이지만 말이다.

인생의 가장 중요한 순간에 믿음의 결정을 미루고 세상적인 결정을 하는 사람들을 많이 본다. 입시를 앞두고 있는 자녀에게 교회 가는 대신 학원에 가라고 하는 부모가 있는가 하면, 세상적인 기준으로 결혼을 결정해서 평생 그 값을 치르는 사람들도 있다. 인생에서 정말 중요한 결정을 해야 할 때 크리스천은 믿음의 결정을 함으로써 모두로부터 "이일은 하나님이 하셨다"는 말을 들을 수 있어야 한다. 우리 교회도 그런 상황에 놓여 있었다.

나는 금요일 대학생 모임이 끝나고 밤늦은 시간에 철야기도회를 갖자고 했다. 많지는 않았지만 믿음의 형제자매들이 그 늦은 시간에도 모여서 기도하기 시작했다. 철야기도회는 일단 모이면 찬양을 부른 뒤 각자 흩어져 1시간을 정해 기도하다가 다시 모여 간증을 나누는 식으로 진행했다.

기도를 1시간 이상 해 보지 않은 사람은 왜 시간을 정해서 기도해야 하는지 의아할지도 모르겠다. 그러나 기도는 영적인 호흡이다. 좋은 산소를 호흡하기 위해서는 일단 육신을 치는 과정이 필요하다. 그리고 기도는 하나님과의 대화다. 대화를 오래하면 할수록 내 생각과 육신의 것들의 의미가 작아지고 하나님의 마음과 생각들이 나의 영을 주관해 가기 시작한다. 기도는 내가 소리 내어 하는 것 같지만, 하나님이 내 영혼 깊은 곳에 말씀하시는 시간이기도 하다.

그렇게 어느덧 1년이란 시간이 흘렀다.

교인들이 조금씩 흔들리기 시작했다. 우리는 당시 미국 교회를 빌려 쓰고 있어서 주일예배를 오후 1시에 드리고 있었다. 이 시간엔 페티트 목사님이 설교하지만 저녁예배는 내가 인도해야 했다. 그러다 보니 주일예배가 끝나면 가족들을 오칼라로 데려다주고 다시 1시간을 운전해 교회로 돌아오거나 가족들이 쇼핑몰 같은 데서 시간을 보내다 저녁예배가 끝나면 나와 함께 집으로 돌아가곤 했다. 온 가족이 저녁예배를 드리고 오는 날이면 그야말로 파김치가 되었다. 이 때문에 교회 지체들과 이 문제를 놓고 의논했지만, 아무도 저녁예배를 맡겠다고 나서는 이가 없었다. 가뜩이나 목회자도 없는 마당에 그나마 모여서 말씀 나누고 기도하는 시간이 있어야 하지 않나 해서 나는 이 일을 계속하고 있었다. 나야말로 담임목회자가 오기를 누구보다 간절히 바랐다.

우리는 목회자 청빙을 위한 광고를 내기로 했다. 수많은 분들로부터 편지와 전화가 왔다. 하지만 우리를 위해 준비 된 목회자를 만나기는 어려웠다.

휴스턴에 있을 때 내게 큐티책를 가져다준 대학 동창이 당시 모교 교수직을 사임하고 풀러(Fuller)신학교에서 목회학을 공부하고 있었다. 답답한 마음에 그에게 전화를 걸어서 우리 교회 사정을 의논했다. 그러면서 주말에 우리 교회에 다녀갈 수 있겠느냐고 물었다. 이 친구라면 어려움에 처한 우리 교인들을 말씀으로 위로할 수 있겠다 싶어서였다. 친구는 흔쾌히 허락했고, 약속대로 와서 토요일과 일요일에 단비와 같은 말씀을 전하고 돌아갔다. 교회는 한결같이 이런 목사님을 모실 수만 있다면 얼마나 좋을까 하면서 열광했다.

나는 친구에게 전화해서 우리 교인들이 이토록 원하는데 혹시 여기 와서 목회할 생각이 없냐고 물었다. 친구는 아직 졸업하려면 7개월이나 남았는데 그때까지 기다릴 수 있다면 졸업 후 당분간이라도 가겠다고 대답했다.

교회에 친구의 사정을 설명하고 투표에 부치니 결과는 만장일치로 찬성이었다. 우리 교회는 성도의 95%가 유학생들이라 재정이 넉넉지 않았고, 그러다 보니 아주 적은 금액을 집행하려 해도 오랜 시간 토론을 거쳐야 했는데, 성도들은 얼마나 간절히 원했는지 아직 학업 중인 목사님에게 장학금을 주자고 의견을 모았다. 정말 감사했다. 아직도 상당한 시간이 남았지만 교회는 새로 오실 목회자에 대한 기대로 다시 활기를 찾는 듯했다.

그런데 이 기간 동안 우리는 또 하나의 긴급한 문제에 직면하게 되었다. 그동안 우리가 빌려 쓰던 미국 교회에서 거의 매달 화장실을 깨끗이 쓰지 않는다, 교회 기물이 훼손됐다는 편지를 보내 왔다. 무엇보다 문제 삼는 것이 아이들이 너무 뛰어다닌다는 것이었다. 그러더니 마침내 미국 교회는 우리 예배 시간 동안 보초를 서기에 이르렀다. 사실 미국에서는 예배당 내에서, 심지어 교회 주차장에서 다쳐도 교회가 고소당하는 현실이어서 아이들이 교회에서 뛰어다닌다는 것은 있을 수 없는 일이었다.

문화의 차이라고 해야 하나? 나는 예배 시간에 이 사실을 광고하기도 하고 부모님들에게 직접 사정을 했지만 고쳐지지 않았다. 보초까지 서더니 이윽고 미국 교회는 우리에게 주일예배와 금요일 저녁 대학생 모임 외에는 일체의 집회를 허용하지 않겠다고 통보했다. 너무나 가혹한 처사였다.

그동안 그들에게 들은 무수한 불평과 원망을 생각하면 당장 천막을

치고서라도 나가고 싶었지만 150명이나 되는 식구를 데리고 어디를 간단 말인가! 우리는 목회자 청빙도 했으니 교회 건축을 추진하자고 마음을 모았다.

우선 남침례교단으로부터 4에이커(약 5,000평가량)의 좋은 땅을 아주 저렴한 가격에 구입할 수 있었다. 그런데 건축 설계도 하고, 건축헌금도 하고 준비를 하던 중 또 다른 문제가 생겼다. 당시에 매매로 나온 어느 교회를 사자는 쪽과 계속 건축하자는 쪽으로 의견이 갈라지더니, 새로운 목사님이 부임한 후에도 이 갈등이 계속되었다. 우리는 이 일로 너무 많은 에너지를 소모하다가 결국 원안대로 교회를 건축하기로 했다. 나는 지금까지도 새로 부임한 목회자에게 너무 큰 부담을 준 것 같아 미안한 마음을 지울 수 없다.

새로 부임한 목사님은 우리에겐 과분한 분이었다. 교회는 급속도로 안정을 되찾았고 교인들도 늘어나기 시작했다. 그리고 교회가 오랫동안 기도해 오던 대학생 교회 설립을 추진했다. 그동안 주일 설교를 해 주시던 페티트 목사님이 대학생 교회의 주일 설교를 해 주시기로 해서, 플로리다 대학에 있는 침례교 학생센터 건물에서 아침 10시 45분에 주일예배를 드리기 시작했다. 대학생들은 이곳에서 주일예배를 드린 뒤 한인교회로 가서 주일학교 봉사를 했다.

교회 건축이 완공되자 우리는 주일예배를 아침으로 옮겨서 드리게 되었다. 그런데 그즈음에는 대학생 교회에 미국과 다른 나라의 학생들이 새로 들어와서 대학생들이 한인교회로 들어와 예배드릴 수 있는 형편이 아니었다. 결국 두 교회가 같은 시간에 예배를 드리게 되었고 그에 따라 나는 대학생 교회를 섬길 수밖에 없게 되었다.

모든 것에는 시작이 있으면 끝이 있는 법이다. 짧은 기간이었지만 나는 최선을 다해 교회를 섬겼다. 목회자가 없는 기간에도 세례반을 운영해서 세례식을 거행했고, 많은 형제자매들과 깊은 영적 교제를 나눌 수 있었다. 그들과는 지금까지 만남을 계속하고 있다. 모두 하나님의 축복이고 은혜다.

하지만 2년 동안 교회 살림을 맡아서 하는 동안 나는 육체적으로나 영적으로나 많이 지쳤다. 힘에 부치게 너무 과중한 일을 한 것이 잘못이었다. 좀 더 기도하면서 했더라면 하는 아쉬움과 후회도 있다. 혹독한 외과 수련의 과정을 거쳐서 그런 것인지, 나는 내게 주어진 일은 다 해야 하고 할 수 있다고 생각했던 것 같다. 그래서 지금까지도 'No'라는 말을 잘 하지 못한다.

이러저러한 과정을 거치며 나는 오칼라로 일터를 옮기기로 할 때부터 마음에 품고 섬기던 교회를 떠나 대학생 교회를 섬기게 되었다.

그러나 하나님은 과연 합력하여 선을 이루시는 분이었다. 교회가 어려움에 처한 중에도 교회에 사명이 넘쳐났고, 말씀이 충만한 목회자를 보내 주셨고, 교회 건축을 하게 하셨고, 영어권 대학생 교회를 설립하게 하셨다.

가슴 뛰는 대학생 사역

게인스빌 한인 침례교회를 섬기기 시작하던 그해 10월에 영어권 대학생 모임에서 나를 초청했다. 플로리다 주립대학 학생들과의 만남이 시작된 것이다.

우리가 사는 오칼라에서 북쪽으로 차로 1시간 거리에 있는 게인스빌이란 도시에는 학생들이 4만 5천이나 되는 플로리다 주립대학이 있다. 이 도시에 게인스빌 한인 침례교회가 있고 여기에 플로리다 전 지역에서 온 영어권 한인 2세 학생들의 모임이 있었다.

학생들이 모인다는 아파트로 갔더니 20여 명이 모여 있었다. 그들은 우선 각자 준비해 온 음식을 나눠 먹더니 리더로 보이는 학생이 일어나 성경 한 구절을 읽고 기도하고는 모임을 끝냈다. 그들과 이런저런 얘기를 나누고 돌아오는데 내 마음이 쓰리고 아팠다. 이 양들을 본 내 마음이 이런데 주님의 마음은 어떠실까? 하늘나라의 내일의 소망이요, 이민 1세대의 꿈나무들인 이들이 이렇게 인도자도 없이 자기들끼리 모이고 있다니, 참으로 가슴이 아팠다.

교회는 전장에 나갈 영적인 용사들을 길러 내는 곳이다. 그런데 오늘날 교회는 마치 화려한 유람선 같다. 차지도 덥지도 않은 교인들이 무슨 취미생활 하듯이 영적 오락을 즐기는 곳이 되어 버렸다. 그런데도 교인이 많으면 부흥한 줄로 착각한다. 후안 까를로스 오리띠즈 목사님이 쓴《주님과 동행하십니까》라는 책에는 이런 글이 있다.

"사랑 없는 교인 100명이 사랑 없는 교인 200명이 된다고 하나님 나라에 무슨 의미가 있을까. 공동묘지에도 숫자가 늘어나고 있는데…."

교회는 날마다 믿지 않는 사람이 주님께로 돌아오는 역사가 있어야 한다. 세례 의식이 없는 교회가 이 땅에 존재할 이유가 있을까. 주님께로 돌아온 자들은 주님의 제자로 살아가는 실질적인 삶의 변화가 있어야 한다. 홍해를 건넌 백성들이 홍해 강독에 앉아 "나 구원받았네 너 구원받았네"만 하고 있을 일이 아니라, 하나님께서 지시하시는 약속의 땅으로 걸어가야 하는 것이다.

변화된 삶을 사는 주님의 제자들이 모인 공동체에는 '사역'이 생겨난다. 제자가 되고 있는 증거가 나보다 이웃의 삶에 관심이 옮겨 가는 것으로 나타나야 한다. 그런데 교회는 이것을 반대로 하고 있다. 사역을 정해 두고 사역을 위한 공동체를 만드는 식이다. 전혀 주님의 제자로 준비되지 않은, 스스로 설 수 없는 신자들이 이런 공동체 사역을 통해 기진맥진해서 오히려 교회의 변방에서 배회하는 자들이 되곤 한다. 그들은 마치 임산부가 만삭이 되기도 전에 유산한 아기들 같다. 교회가 주님을 만난 신자들에게 주님의 확실한 제자로 살아갈 길을 제공해 주지 못한 탓에 이런 일이 일어나는 것이다.

명문으로 알려진 하버드 대학은 들어가기도 어렵지만 공부를 열심히 해야 졸업이 가능하다. 그런데 왜 하나님 나라의 교회는 그 어떤 수준의 영적 자격을 요구하지 않는가? 왜 그저 주일날 자리를 지켜 주는 것만으로 감지덕지하는가? 나는 가끔 이런 상상을 해본다. 내가 만약 교회를 한다면, 5년제 교회를 할 것이다. 이 5년 이내에 일정한 수준의 자격을 갖추지 못하면 정학, 퇴학 조치를 하고 정해진 영적 학점을 반드시 따야 졸업할 수 있다. 이 땅에서는 실현 불가능한 교회일지 모르지만, 나는 교회는 교회다워야 한다고 생각한다. 교회는 하나님께서 일하시는 곳이다. 하나님께서 일하시는 곳은 하버드 대학보다 훨씬 높고 영광스러운 곳이다. 따라서 높은 자격을 갖춘 자를 배출할 수 있는 곳이 되어야 한다.

이 대학생 모임에 다녀온 후 매일 기도하는데 하나님께서 말씀하셨다.

"무리를 보시고 불쌍히 여기시니 이는 그들이 목자 없는 양과 같이 고생하며 기진함이라"(마 9:36).

하나님은 내게 이 학생들을 도우라고 말씀하셨고, 말씀에 따라 나는 매주 금요일 7시면 그들을 만나러 갔다. 그들에게 구원 얻는 믿음에 대해서, 제자로 살아가야 하는 것에 대해서 가르쳤다. 영적으로 뛰어난 형제도 있었지만 대부분 부모를 따라 교회에 다니는 것만 배웠을 뿐 영성이 자라지 못한 상태였다. 그렇게 몇 차례 모이다가 나는 이들을 설득해서 모임을 교회로 옮겼다. 교회로 옮긴 후 늘 하던 대로 저녁식사를 같이했다. 학생들이 차츰 늘어나더니 나중에는 중국인 학생과 백인 학생까지 와서 70~80명이나 되었다. 나는 이 학생들과 깊은 사랑에 빠졌다. 그들을 만나는 금요일이 기다려졌다.

당시 내가 병원에서 한가했을까? 천만의 말씀! 나는 하루에도 네다섯 차례 심장수술을 할 만큼 눈코 뜰 새가 없었다. 저녁에 집에 돌아올 때면 녹초가 되었다. 하지만 금요일 저녁에는 오히려 힘이 솟았다. 집에 돌아와 샤워를 하고 1시간을 운전해서 가는데 가슴이 뛰었다. 내 가슴에 있는 이 복음은 내가 하루 종일 열정을 쏟지만 결국에는 죽고 말 육신을 고치는 일과는 달리 죽은 자를 살리는 하나님의 능력이었기 때문이다. 이 복음은 이 세상 어떤 사람에게도 충분한 대답이요 그들을 고치는 치료제다.

복음으로 인해 청년들은 변하기 시작했다.

처음 만났을 때 회장이던 형제는 영성이 뛰어났는데 졸업하자마자 신학교에 다시 입학했다.

한 자매는 80명이나 모인 학생들 앞에서 성령이 충만해져 이런 간증을 했다.

"나는 내 남동생과 어려서 입양되어 미국에 왔는데, 의붓아버지로부터 여러 번 성폭행을 당하며 자랐습니다. 수치심으로 죽고 싶었고 마음속에는 늘 어두운 공허가 있었습니다. 나는 얼마 전 주님을 영접하고 이 모든 어두운 과거를 치료받고 의붓아버지를 용서했습니다. 나는 지금 너무나 자유롭습니다. 나는 지금껏 그 누구에게도 이 얘기를 해 본 적이 없지만, 이렇게 여러분 앞에서 선언을 해야 내가 새로 얻은 이 자유를 지킬 것 같아서 용기를 내어 말합니다."

자매가 눈물로 간증을 하는 사이 여기저기서 훌쩍거리더니 삽시간에 눈물바다가 되었다. 복음은 하나님의 능력이다. 그 깊은 상처와 절망을 이기는 하나님의 승리다. 이 자매는 우리 중에 처음으로 신학교를 간 형제와 결혼해서 목사 사모가 되었고, 두 살 어린 동생도 우리 모임의 찬양 인도자로 섬기다 신학교에 가서 목회자가 되었다.

"내가 복음을 부끄러워하지 아니하노니 이 복음은 모든 믿는 자에게 구원을 주시는 하나님의 능력이 됨이라"(롬 1:16).

벨리즈 선교여행

나는 해마다 미국 목사님을 모시고 근처 호수로 가서 세례식을 거행한다. 하나님은 이 의식을 통해 청년들의 실질적인 삶에서 변화를 일으키셨다. 생전처음 부모를 떠나 혼자 살면서 때로 있을 수 있는 여러 가지 유혹을 뿌리치고 신앙을 지키게 해 주었다. 하지만 여전히 하나님 안으로 들어오지 못하고 주변을 맴도는 학생들을 볼 때면 너무나 안타까웠다. 1시간이나 떨어진 곳에 살다 보니 주중에는 그들을 위해 아무

것도 할 수 없었다. 한인교회는 대부분 한국에서 온 유학생들이라 이들을 도울 수가 없었다. 나는 늘 부족함을 느꼈다. 첫째는 내가 부족했고 둘째는 먼저 제자 된 청년들이 곁도는 형제들을 돌보지 못해서 부족했다. 이 일을 두고 기도하는데 하나님께서 이런 말씀을 주셨다.

"누구든지 주의 이름을 부르는 자는 구원을 받으리라 하였느니라"(행 2:21).

"주님, 이 말씀이 무슨 뜻입니까?"
"청년들을 나의 이름을 부르는 자로 만들어라."
"어떻게요?"
"선교지로 데려가라."

순간 내 마음에 확신이 생겼다. 나는 이미 댈러스에서 청년을 섬길 때 단기선교에 필요한 것들을 익히지 않았던가.

'이 청년들을 데리고 벨리즈 단기선교를 다녀와야겠구나. 선교여행을 하는 동안 이 청년들을 언제 어디서든 주의 이름을 부르는 자로 만들어야겠다!'

선교여행을 가자고 하니 22명이 지원했다. 벨리즈(Belize)는 중남미에서 유일하게 영어를 쓰는 나라여서 언어의 장애 없이 복음을 전할 수 있었다. 그러나 현지에 복음을 전하는 것도 중요하지만 무엇보다 청년들이 이 선교여행을 통해 담대한 믿음의 사람들로 변화되기를 기도했다.

선교여행을 떠나기 전 나는 청년들이 복음을 전할 수 있도록 훈련시켰다. 자신이 주님을 알게 된 간증, 그림을 그리며 복음을 설명하는 것, 드라마 등 모든 순서를 암기하고 연습해서 언제든지 말씀을 전할 수 있도록 가르쳤다. 그런데 청년들은 낯선 누군가에게 복음을 전하는 훈련을 하면서 정작 '내가 무엇을 믿었지?' 하는 자기점검을 하게 되었다.

3월 봄방학을 맞아 우리는 벨리즈로 갔다. 벨리즈는 무척 더웠다. 우리는 아침 5시 30분에 기상해서 한 사람도 빠짐없이 큐티 나눔을 한 뒤 하루 세 번 오전, 오후, 저녁에 공원과 교도소, 학교, 교회를 다니며 전도집회를 했다. 그리고 밤 10시에 모여 찬양과 간증, 기도를 한 뒤 잠자리에 들었다. 잠시도 쉴 틈이 없는 그야말로 영적 훈련장이었다 (Intensive Spiritual Boots Camp). 아침에는 주로 공원에 나가서 집회를 하고 복음을 전했다. 공원에서 노방전도를 하는 동안 우리는 성령의 능력을 체험하곤 했다. 우리가 막 집회를 하려는데 정신이상자처럼 보이는 사람이 오더니 우리를 방해하기 시작했다. 나는 몇몇 형제자매와 손을 잡고 "나사렛 예수의 이름으로 명하노니…" 하고 기도했다. 기도를 마치고 눈을 뜨는데 그 사람이 단거리 달리기 선수처럼 공원 반대편으로 달려가는 것이 아닌가. 우리는 성령 충만한 집회를 하고 많은 결신자를 얻은 뒤 공원에서 무릎을 꿇고 기도하며 하나님을 찬양했다.

거리에서 복음을 받아들이고 기도하는 모습

공원에서 집회 후 결신자들과 함께 기도하는 모습

한번은 시장 골목에서 집회를 하는데 낮부터 술이 취한 사람이 마이크를 뺏으며 방해를 했다. 이때도 우리는 손을 잡고 기도했다. 그러자 어느 순간 술 취한 사람이 한 발 물러났다. 청년들은 술집에까지 들어가 사람들을 끌어내어 복음을 듣게 해서 10명의 결신자를 얻었다. 모든 순서를 마치고 그 자리를 떠나려는데 아까 술이 취해 우리를 방해하던 사람이 길 담벼락에 기대어 자고 있었다.

장터에서 집회를 하는데 우리가 하는 드라마를 보고 한 자매가 예수님을 영접했다. 같이 온 어머니는 "딸이 예수님을 믿는 신앙인이 되도록 오랫동안 기도해 왔는데 여기 와서 열매를 맺었네요" 하며 기뻐했다. 이 모녀는 우리가 있는 동안 내내 우리를 안내하며 같이 시간을 보냈다.

우리는 일단 한 곳에서 집회를 열어 사람들이 모이면 흩어져서 일대일로 복음을 전했다. 청년들은 아직 서툴지만 자신들이 전한 복음을 듣고 주님을 영접하는 사람들의 모습을 보면서 너무나 기뻐했다. 어떤 형제는 난생처음 복음을 전한 사람이 예수님을 영접한 것이 너무나 놀랍고 흥분되어 우리 쪽으로 달려오다 하수구에 걸려 넘어지기도 했다.

조용한 실내에서 복음을 전해도 어려운데 이렇게 사람들이 북적대는 시장이나 공원에서 어떻게 복음이 전해질까 했지만 감사하게도 수많은 사람들이 주님을 영접했다. 예수님도 노방전도를 하시지 않았는가!

오전에는 이렇게 공공장소에서 전도를 하고, 오후에는 주로 교도소,

학교에 가서 전도집회를 했다. 저녁에는 교회에 가서 집회를 했다. 그렇게 일정을 마친 뒤 숙소로 돌아오면 밤 12시가 돼서야 잠자리에 들 수 있었다. 정말 쉼이 없는 강행군이었지만 어느 누구도 불평하지 않았다.

첫해에는 주로 벨리즈 시에서 사역을 했는데, 이듬해에는 벨리즈 시에서 조금 떨어진 벨모판이라는 곳에서 사는 한국인 선교사님과 연결되어 그분의 사역을 도왔다. 목포에서 파송받아 왔다는 선교사님은 기도원을 설립했으나 전기를 넣지 못해서 촛불을 켜고 집회를 하고 있었다. 그 모습을 보고 안타까워하던 청년들이 돌아와 열심히 모금을 해서 선교사님의 기도원에 전기를 넣어 드렸다.

한번은 크리스마스 때 벨리즈로 갔다. 마침 벨리즈 시 중앙공원에서 크리스마스 음악회가 열려서 벨리즈 시의 모든 음악 단체와 밴드들이 나와 공연을 하고 있었다. 공원에는 발 디딜 틈도 없이 사람들로 인산인해를 이뤘다. 나는 주최측이 있는 단상으로 가서 "우리는 플로리다에서 온 선교단인데 우리도 찬양을 몇 곡 부르게 해 주십시오" 하고 요청했다. 그러자 추최측은 한참 나를 쳐다보더니 "이미 스케줄이 짜여 있어서 그럴 수가 없어요" 했다.

나는 청년들이 있는 곳으로 돌아와 손을 잡고 기도했다. 그러고는 집회할 준비를 하라고 지시한 후, 다시 단상으로 갔다. 그는 나를 보더니 고개를 가로저었다. 나는 고개를 아래위로 젓고는 한참을 그대로 서 있었다. 나는 속으로 '우리가 믿는 예수 그리스도의 생일을 축하하는 모임인데, 이렇게 세상적인 음악으로 넘쳐서야 되겠는가. 찬양을 불러야 마땅하지 않은가?' 하고 말했다.

이윽고 그가 나를 오라고 하더니 맨 마지막 순서에 찬양 한 곡을 부르라고 허락해 줬다. "세 곡을 불러야 합니다" 하자 그는 어이없다는 듯이 웃으며 그렇게 하라고 했다.

"그러면 다음 순서가 끝나고 나서 마지막에 우리 순서가 있다는 광고를 해주십시오."

허락을 받은 것만도 어딘데 다시 광고까지 해달라고 졸랐다. 그는 그것까지 들어줬고, 마침내 우리 차례가 되어 찬양 세 곡을 부를 수 있었다. 나는 찬양이 끝나고 나서 재빨리 음악회는 끝났지만 조금만 기다리면 우리가 준비한 드라마를 보여 주겠다고 광고했다. 음악회가 끝나고 마이크까지 꺼진 뒤였지만, 우리는 우리가 준비한 드라마를 무대에 올렸다. 너무나 감격스러운 크리스마스 선물이었다.

이 벨리즈 선교는 내가 대학생 사역을 떠난 동안에도 계속되어 20년이 지난 지금까지 이어지고 있다.

이렇게 일주일 동안 '주의 이름을 부르고' 돌아온 청년들은 과연 변화되어 있었다. 드디어 모임에 영적 각성과 영적 긴박감이 더해졌다. 그러자 찬양이 달라지고 헌신하는 모습이 새로워졌다.

나는 매년 선교여행을 통해 학생들을 단시간에 훈련했다. 많은 학생들로부터 "선교사가 이런 것이라면 나도 할 수 있겠네요" 하는 얘기를 수없이 들었다. 이런 훈련과 경험이 이들로 하여금 신학교를 가게 한 동기가 되었을 것이다.

청년들은 졸업 후 수년 뒤에 나를 찾아왔다. 결혼해서 아이들까지 거느린 어엿한 가장이 된 모습으로. 그들 중에는 신학교에 들어가 목회자가 된 이들도 있고, 여기저기서 주님의 일꾼으로 헌신하는 이들도 있다.

모두 제자 삼으라

그러던 어느 날 나는 대학생들에게 제자훈련을 해야 한다는 강한 성령님의 도전을 받았다. 오래 기도한 후 제자훈련을 하는 목적과 방향을 정한 뒤 학생들에게 발표했다.

"제자훈련을 한 학기 단위로 할 텐데 나는 여러분이 이번 한 학기 동안 학교 공부하는 것 외에 모든 활동을 자제하고 전적으로 하나님의 음성을 듣고 하나님과 깊은 교제를 나누는 데 집중하기를 바랍니다. 따라서 제자훈련을 받을 사람은 아파트에 들어와 있는 TV의 기본 채널 외의 모든 채널을 취소하고 결혼을 전제로 사귀는 관계가 아닌 한 모든 관계를 정리하며 모임에 빠짐없이 참석할 것을 서약할 수 있어야 합니다. 이것을 약속할 수 있는 사람은 제자훈련에 등록하기를 바랍니다."

워낙 조건이 까다로워서 많아야 5명 정도 지원하겠다 했는데, 놀랍게도 18명이나 제자훈련을 하겠다고 나섰다. 제자훈련이란 그저 말씀을 가르치는 것이 아니라 서로 삶을 나누며 그리스도의 제자로 자라는 일인지라, 18명은 너무 벅찼다. 그래서 이중 7명만 우선 훈련하고 나머지는 다음 기회에 하기로 했다.

그러던 어느 날 기도하는데 "내가 18명을 보냈는데 네 마음대로 7명만 하느냐?" 하셨다. 나는 내 계획을 취소하고, 반을 둘로 나누어 진행하기로 했다. 금요일 예배 후 성경공부 시간에 한 반을 하고 모임이 끝난 밤 12시부터 나머지 한 반을 하기로 한 것이다.

제자훈련에서 나는 무엇보다 큐티와 기도생활을 철저히 가르쳤다. 헨리 블랙커비의《하나님을 경험하는 삶》이라는 책을 사용하기도 했다. 첫 학기 동안 단 한 명이 한 번 결석했다. 그것도 맹장수술을 받게 되어 결석한 것이다. 학생들은 하나님과의 약속을 지켰고 하나님께서는 이들을 축복하셨다. 이렇게 금요일 저녁 모임을 마치고 나면 새벽 3시가 되어 집으로 돌아왔다. 하지만 나는 어느 때보다 충만했다.

하루는 내가 사는 동네에서 특별한 분을 만났다. 그는 평생 교도소를 들락날락거리며 살았는데, 마지막에 무기징역까지 선고받고 복역하게 되었다고 했다. 그러다 하나님을 만나 새사람이 되었고, 주지사의 특별사면으로 교도소를 나와 지금은 유명한 부흥사가 되었다. 우리는 이분의 요청으로 학생들을 데리고 플로리다 주에 있는 교도소를 돌아다니며 전도활동을 했다. 학생들은 벨리즈 선교여행에서 체험한 성령의 능력을 찬양과 간증으로 쏟아 냈다.

"여러분은 보이는 죄를 지었을지 모르지만 저 밖에는 보이지 않는 죄를 지은 죄인들이 수도 없이 많습니다."

그러면 죄수들은 강당이 떠나갈 듯이 열광했다. 우리는 수많은 신실한 크리스천들을 감옥에서 만났다.

우리는 베네수엘라에 계시는 한인 선교사님으로부터 초청을 받았다. 선교사님은 미국 텍사스에서 해양학 박사 학위를 받고 베네수엘라 대학교수로 갔다가 현지인 교회를 맡게 되었는데, 이후 교회를 여러 개 개척하는 등 열심히 사역해서 남침례교단으로부터 그 공적이 인정되어 목사 안수를 받은 분이다.

우리는 수도인 카라카스에 도착해서 곧바로 대학 캠퍼스로 들어갔다. 우리 중 두 명을 대학 본부로 보내 집회 허가를 받도록 한 다음 나머지는 집회를 시작했다. 수많은 학생들이 우리가 전한 복음을 듣고 결신했다. 그런데 대학 본부에 집회 허가를 받으러 간 두 사람이 돌아오더니 '집회를 할 수 없다'는 소식을 전했다. 그러나 그때는 이미 집회가 끝난 뒤였다.

우리는 이런 방법으로 담대하게 대학 캠퍼스에서 복음을 전했고, 선교사님이 섬기던 교회는 순식간에 부흥했다.

우리는 우리가 가지고 간 사운드 시스템과 드럼 세트 등을 주고 왔다. 교회는 얼마 되지 않아 우리가 전수한 모든 것을 배워서 주위의 도시를 돌며 선교사역을 하게 되었다.

베네수엘라 카라카스 대학에서 담대하게 복음을 전했다.

대학생 교회의 탄생

나는 이 대학생들을 위한 교회를 설립할 생각으로 오랫동안 기도해 왔다. 대학생들 중에 한국어 설교를 알아들을 수 있는 학생은 두세 명에 불과했다. 이들에게는 금요일 찬양 예배가 그들의 주일예배인 셈이었다.

나는 틈만 나면 그들에게 이렇게 말했다.

"이 세상에 살면서 내가 크리스천임을 드러내 보일 수 있는 두 가지 방법이 있습니다. 하나는 식당에서 사람들이 보는 앞에서 밥 먹기 전에 기도하는 것이고, 또 하나는 주일날 성경책을 들고 교회에 가는 것입니다. 여러분이 사는 옆집 친구에게 여러분이 크리스천이라는 것을 담대하게 선포하고 살아야 합니다."

나는 학생들에게 한국어 설교를 알아듣기 어렵다면 주일날 미국 교회에라도 나가 예배드릴 것을 종용했지만 다들 몇 번 가 보고는 그만두었다.

게인스빌 한인 침례교회에 새 목사님이 부임하자, 나는 그동안 주일 설교를 맡아 주신 페티트(Petit) 목사님과 대학생 교회에 대해 상의했다. 페티트 목사님은 흔쾌히 주일에 대학생들을 위한 설교를 해주겠다고 하셨다.

우리는 마침내 센터포인트교회(Center Point Christian Fellowship)를 설립했다. 목사님과 오랜 친분이 있던 사람들이 동참해서 젊은 청년들을 섬겨 주었다.

대학생 교회는 한인 2세 학생들이 주축이 되었지만, 중국 학생과 백인 학생까지 모두 150명이 모이는 교회가 되었다. 무엇보다 페티트 목사님의 설교는 너무나 감동적이었다.

대학생 교회는 상당한 수의 학생들을 신학을 하거나 목회자의 길을 걷게 했다. 성령께서 이들을 '목자 없는 양과 같이' 버려두지 않으셨다. 하나님께 영광을 돌린다.

나는 12년 동안 이들을 섬기다가 여러 가지 해외 선교사역으로 바빠져서 한동안 사역을 쉬었지만 최근에 이들에게로 다시 돌아갔다.

'하나님 연세가 영원인데 그까짓 몇 십 년 세대 차이가 무슨 큰 장애일까' 하면서.

"내가 너를 이방의 빛으로 삼아 너로 땅 끝까지 구원하게 하리라 하셨느니라 하니"(사도행전 13:47).

a heart beats ...

CHAPTER 9

가자, 선교지로!

무엇을 위해 누구의 이름으로, 누구의 영광을 위해
이 땅에 오는지를 내 가슴에 언약처럼 새기셨다.

첫 선교지 푸저우

"중국 푸저우(福州, 복주)에 선교병원을 건립하려고 하는데 당장 다녀
올 의사가 필요합니다."

목사님께서 말씀하셨다. 나는 아직 수련의 과정의 의사일 뿐이라 그
냥 지나칠 수도 있던 초청인데 이 말씀이 며칠 동안 내 마음에서 떠나
지 않았다.

아내는 아파트 주변에 사는 부녀들을 모아 성경공부를 시작했다. 말
씀은 주로 목사님 사모님이 인도하셨다. 성경공부를 시작한 지 1년이

되어 이를 기념하기 위해 남편들을 초대해 조촐한 저녁식사 자리를 마련했는데, 그 자리에서 목사님을 만나 그런 부탁을 들은 것이다.

1979년 중국이 서방을 향해 문호를 개방하면서 중국 선교에 대한 열정이 뜨거워지고 있었고, 우리가 살던 뉴욕에서도 수많은 교회들이 이를 위해 기도하고 있었다. 그즈음 나는 일반외과 수련이 끝나 가고 있어서 다음 갈 곳을 위해 기도하고 있었다. 어느 날 말씀을 묵상하는데 사도행전 13장 47절에 마음이 멈추었다.

"주께서 이같이 우리에게 명하시되 내가 너를 이방의 빛으로 삼아 너로 땅 끝까지 구원하게 하리라 하셨느니라"(행 13:47).

목사님의 부탁이 하나님의 초대라는 데 생각이 미쳤다. 하나님은 "네가 앞으로 갈 길을 고민하는데 먼저 나의 일을 해 볼래?" 하시는 것 같았다. 목사님께 전화를 드려 내가 가겠다고 했더니 너무 기뻐하셨다. 사실 당시에 나는 중국에 갈 만한 처지가 아니었다. 적어도 6월까지는 다음 직장을 결정하고 이사를 준비해야 했기 때문이다.

1985년 6월 중순 아내와 나는 중국으로 갔다. 교회선교부에서 비행기표를 건네주며 혹시 있을지도 모를 예비 상황을 대비해 놓고 가라고 조언했다. 우리는 그것이 무슨 뜻인지도 모르고 비행기를 탔다. 밤에 상하이 비행장에 내렸는데 깜짝 놀랐다. 인구가 천만이 넘는 도시가 어쩌면 이렇게 캄캄할 수 있단 말인가? 비행기에서 내려다보는데 불빛이 하나 둘 셀 정도로 드물었다. 나는 미국에서 처음 개발한 수술용 스테이플(staple)을 가지고 갔다가 하마터면 상하이 공항에 억류될 뻔했다. 아무리 설명해도 알아듣는 사람이 없었다.

상하이의 밤은 칠흑같이 깜깜했다. 호텔은 천장이 하늘같이 높고 소독약 냄새가 코를 찌르는데다 옆방에서 말하는 소리까지 다 들렸다.

이튿날 비행기를 타고 푸저우에 도착했다. 차도는 있었지만 차가 거의 다니지 않는 거리를 사람들은 흰 옷이 아니면 국방색 인민복을 입고 다녔다. 우리는 병원에서 수술도 하겠지만, 그보다 중국의 의료 전달 체계를 조사하는 것이 더 큰일이었다. 아주 작은 시골 초소의 진료소부터 도시의 대형 병원까지 일일이 돌아보며 보고서를 만들어야 했다. 공안들의 감시가 삼엄한 가운데서도 어떤 의사는 내게 악수를 하는 척하며 쪽지를 건넸다. 수십 년 전 미국에서 온 선교사가 자기를 미국에 데려다 공부시켜 주겠다고 한 약속을 지금도 기다린다는 내용이었다.

수많은 사람을 만났는데 무엇보다 그들의 표정이 인상적이었다. 비록 공산주의 치하에서 가난하고 어려움도 많았겠지만, 하나님은 이 백성을 이토록 순수하게 지키셨구나, 하는 생각이 들 만큼 그들은 천진난만했고 순박했다. 그들에게는 내가 살다 온 자본주의 사회에서는 볼 수 없는 눈빛과 표정이 있었다. 우리가 어디를 가든 수십 명이 따라다녔다. 이들이 이토록 바깥세상의 사람들을 기다리고 있었다는 생각이 들자,

장차 이 땅에서 하나님께서 하실 일이 궁금해졌다.

뉴욕에 돌아온 이틀 후 우리는 짐을 싸서 휴스턴으로 떠났다. 그 후 2년여 푸저우 정부의 허락을 받고 병원 설립을 위해 실무진이 중국과 미국을 오가며 설계도를 완성했는데, 무슨 일인지 상급기관인 성정부가 반대해서 이 사역은 중간에 중단되고 말았다. 나는 이것으로 중국과의 인연은 끝난 것으로 생각했다.

난징에서 들은 하나님의 음성

1991년 봄, 아칸소 주립대학 병원에 있을 때 한 통의 전화가 왔다.

"중국에 같이 갈 심장외과 의사가 필요한데 시간 좀 낼 수 있습니까?"

내게 전화한 사람은 미국에서 훈련받은 중국인 심장외과 의사로 홍콩에서 'Friends of China'(중국의 친구들)라는 선교단체를 운영하는 분이었다. 그와는 내가 텍사스 심장센터에 있을 때 같이 저녁식사를 하며 중국에서 겪은 경험을 나눈 적이 있다. 그는 나를 위해 오랫동안 기도해 왔다고 했다.

"그런데 저는 6월이면 오칼라로 자리를 옮기게 되어 당분간 가기 힘들 것 같습니다. 앞으로 저와 같이 일하게 될 카마이클을 소개해 줄 테니 그분과 동행하는 것이 어떻겠습니까?"

"그분이 갈 수 있다면 좋지요."

카마이클은 기다렸다는 듯이 가겠다고 했다. 그렇게 해서 1992년 카마이클이 난징에 갔고 이듬해에는 내가 가게 되면서 우리는 교대로 1년에 두 번씩 난징을 방문해 심장수술을 하기 시작했다.

난징의 의료 환경은 그야말로 척박했다. 수술실에조차 에어컨이 없어서 창문을 열어 놓고 수술해야 했는데 파리가 들락거리고 마취할 때 쓰는 기관지 튜브가 없어서 아침에 수술한 환자의 것을 빼내 소독한 후 오후 수술에 사용해야 했다. 물자를 가져가긴 했지만 한계가 있다 보니 늘 턱없이 부족했다.

수술실 입구. 열악한 환경 때문에 우리는 여름을 피해 봄, 가을에 수술을 진행했다.

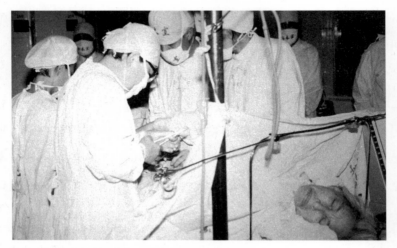
전신 마취를 하지 않고, 척추 마취 후 복부 수술을 하는 모습

과연 이런 환경에서 수술이 제대로 될까 걱정도 되었지만 첫 환자 수술을 무사히 마치자 자신감이 붙었다.

두 번째 환자는 50대 중반으로 관상동맥수술을 했는데 결과가 아주 좋았다. 저녁식사 후 10시쯤 병실에 들렀더니 인공호흡기도 떼고 마취에서 완전히 깨어나서 말도 잘하고 팔다리를 움직이며 미음도 먹고 있어서 수술 결과가 매우 만족스러웠다. 숙소로 돌아와 밤 12시쯤 잠이 들려는데 전화가 왔다. 환자가 위험하니 빨리 오라는 것이었다. 마취과 의사를 깨워 호텔 로비에 갔지만 영어를 할 수 있는 사람이 하나도 없어서 우리는 병원까지 달렸다.

병원에 도착하니 엘리베이터도 운행이 중단되어서 8층 중환자실까지 뛰어 올라갔다. 환자의 심장은 정상이었으나 중증중풍(massive stroke) 증상이 나타난 것이다. 오른쪽 팔다리에 미동이 있을 뿐 전신이 마비된데다 불빛을 구분할 수 없을 만큼 눈이 안 보인다고 했다. 불과 2시간 전까지만 해도 멀쩡하던 환자가 이게 웬 날벼락이란 말인가. 심장수술을 많이 하면 간혹 중풍이 합병증으로 오는 수가 있지만 이렇게 멀쩡하게 깨어났다가 중풍이 오는 경우는 아주 드물었다. 중국인 의사와 간호사가 아무 말도 못하고 발만 동동 굴렀다. 별다른 방법이 없었다. 그나마 할 수 있는 몇 가지 지시를 하고 호텔로 돌아오는데 전장에 나갔다 돌아온 패잔병이 따로 없었다. 호텔방에 누웠으나 잠은 안 오고 하나님이 원망스러웠다.

"하나님의 이름으로 여기까지 왔는데 하나님 왜 이런 일이 생겨야 하는 겁니까? 제가 환자를 위해 기도할 때 중환자실 주임의사가 비웃는 것을 보시지 않았습니까?"

"과학의 첨단을 걷는다는 미국에서 온 의사들이 신에 의탁해 기도를 하다니…" 하며 비웃던 주임의사의 얼굴이 떠오르며 참담한 심정이 되었다. 내일 짐을 챙겨 돌아갈까? 잠이 오지 않았다.

다음 날 중환자실에 가 봤으나 여전히 차도가 없었다. 토요일이 되자 동료들이 관광을 나가자고 했지만 나는 호텔방에 혼자 남아 하루 종일 하나님을 원망하며 시간을 보냈다. 주일에 병원에서 월요일 수술할 환자를 보지 않겠느냐고 연락이 왔다. 수년 동안 훈련을 통해 얻은 자신감은 다 어디로 가고 다시 수술할 일이 겁이 났다. 월요일 수술을 제대로 해낼 것 같지가 않았다. 하지만 같이 온 동료들을 위해서라도 담대해져야 했다.

병원에 가 월요일에 수술할 환자를 보고 중환자실에 3일째 누워 있는 환자를 보러 갔다. 역시 차도가 없었다. 그때 우리와 같이 간 간호사 한 분이 내게 이런 제안을 했다.

"오칼라에서 당신이 환자의 손을 잡고 기도할 때 내 마음이 뜨거워지는 것을 체험했어요. 이 환자에게도 손을 얹고 기도하는 것이 어떻겠어요?"

나는 속으로 '3일을 하나님과 씨름했는데 지금 기도한다고 무슨 소용일까' 했다. 중풍이 온 지 벌써 3일이 지났고 내가 아는 의학적 견해로는 이 환자가 회복될 가망은 전혀 없었다. 머뭇거리는 나를 빤히 쳐다보는 간호사에게 미안해서 그럼 그렇게 하자고 하고 환자의 가족들을 불렀다. 중환자실로 들어가는 가족들을 보고 다른 간호사와 의사들도 따라 들어왔다. 방이 가득 찼다. 나는 그냥 우리끼리 기도나 할 생각이었는데 사람들이 몰려오자 난처하고 당황스러웠다.

용기를 내어 환자에게 손을 얹고 기도했다. 그 순간 여기서 더 이상 하나님을 창피하게 해선 안 되겠다는 생각이 들었다. 하나님의 치료를 믿는다고 기도하고 수술했는데 이런 일이 생기지 않았는가! 더구나 나는 내 의학적 경험으로 이 환자는 절대로 정상으로 돌아올 수 없다고 스스로 결론을 내리지 않았는가! 나는 아주 작은 소리로 짧게 기도했다.

"이 환자가 만약에 살게 된다면 어떻게든 살아갈 길을 인도해 주시고 무엇보다 가족들을 잘 돌보아 주소서."

기도는 이렇게 아주 싱겁게 끝났다. 나를 둘러싼 사람들은 어리둥절해 했다.

나는 호텔로 돌아와 비록 이 환자는 이렇게 되었지만 남은 일정 동안 나머지 환자들을 무사히 수술할 수 있게 해달라고 기도했다.

이튿날 수술을 위해 병원에 도착하니 간호사 두 분이 병원 현관에서 기다리고 있다가 우리를 보더니 반갑게 맞으며 우리 손을 끌고 중환자실로 급히 올라갔다. 말이 통하지 않으니 영문도 모르고 따라가 환자 앞에 가 섰는데 놀랍게도 환자가 의자에 앉아 신문을 보고 있는 것이 아닌가! 앞이 보이지 않는다더니 멀쩡히 신문을 보고 있고 사지를 아무렇지도 않게 움직이고 있지 않은가! 나는 내 눈을 믿을 수가 없었다.

밤사이 중환자실은 초상집에서 잔칫집으로 바뀌어 있었다. 한참 말을 잃고 섰는데 내 마음 깊은 곳에서 '아, 하나님이시구나! 하나님이 하셨구나!' 하는 깨달음이 내 멍한 의식을 깨웠다.

'그러면 그렇지. 하나님께서 나와 함께하셨어. 내 기도를 들으셨어!'

순간 나는 감정을 억제하지 못해 옆방으로 갔다. 이유를 알 수 없는 침묵만 하시더니…. 나는 지난 3일 동안 하나님을 얼마나 원망했던가!

아무 말씀도 않고 나를 버려두시는 것 같더니, 용기를 내어 오늘 수술하러 왔는데 하나님은 내게 이런 기적의 선물을 준비하고 계셨던 것이다. 억지로 감정을 추스르는데 성령님이 내 마음에 잔잔한 물결을 이루듯이 이렇게 말씀하셨다.

"이는 내 생각이 너희의 생각과 다르며 내 길은 너희의 길과 다름이니라"(사 55:8).

나는 항상 주님의 길이 내 길과 달라서 불평하지 않았던가! 그러나 오늘은 주님의 길이 내 길과 달라서 너무나 감사했다. 지난 3일은 마치 지옥에 다녀온 것처럼 끔찍했다.

수술 후 합병증으로 중풍을 앓았던 환자가 온전히 깨어난 모습. 기도를 제안한 조이스(왼쪽)

그러나 지금은 내 생명의 세포 하나하나가 다 살아나 하나님을 찬양하고 감사하고 감사했다. 성령님은 또 말씀하셨다.

"너는 내 이름으로 여기 왔다고 했지만 지난 며칠 동안 하는 짓을 보니 너는 자신의 이름을 위해 여기 왔구먼. 미국에서 와서 좋은 실력을 보이려다 실패해서 자존심이 상한 거지. 그리고 너는 사람들 앞에서 나를 창피해 했고!"

나는 그 자리에서 무릎을 꿇었다. 겨자씨 한 알만도 못한 믿음을 가지고 얼마나 교만을 떨었단 말인가! 나는 회개하고 또 회개했다. 수술이 없었다면 하루 종일 그렇게 하나님 앞에 엎드렸을 것이다. 하나님은 이때 내가 하는 일의 주인은 하나님이심을 분명히 가르쳐 주셨다. 그리고 내가 무엇을 위해 누구의 이름으로, 누구의 영광을 위해 중국 땅에 오는지를 내 가슴에 언약처럼 새기셨다.

"전적으로 모든 것을 내게 맡기고 겸손히 헌신하면 이 일은 성공한 나의 일이 될 것이지만 다른 마음을 가지면 이 일은 반드시 실패한 너의 일이 될 것이야."

나는 그로부터 23년이 지난 오늘까지도 이때 들은 하나님의 음성을 따라 이 일을 하기 위해 몸부림친다. 그날 이후 나머지 일정은 너무나 순탄했다. 모든 환자들의 수술 결과가 만족스러웠다. 모두들 웃음을 되찾았고, 만나는 사람마다 기적을 얘기했다. 우리가 기도한다고 비아냥대던 중환자실 주임의사도 큰 충격을 받았는지 이듬해 우리가 다시 그

병원을 찾았을 때 "나는 문화혁명 때 믿음을 버렸는데 이제 다시 하나님을 믿기로 했다"고 고백했다. 이 환자의 일로 그녀는 하나님께로 돌아왔다.

빛

난징에서 돌아오는 길에 베이징에 들러 하루를 묵었다. 마취과 의사와 체외순환 의사, 그리고 간호사 두 명으로 구성된 우리 팀은 숙소에 짐을 풀고 베이징을 관광할 계획이었지만 나는 하나님과 함께하고 싶어서 호텔방에 남겠다고 했다. 그런데 간호사 두 명이 나와 얘기하고 싶다면서 관광을 포기했다. 그들은 나름대로 신앙이 있다고 자부했는데 막상 이런 기적을 목격하니 적잖이 흔들렸던지 내게 이런저런 질문을 쏟아냈다. 우리는 대화를 나누면서 하나님이 우리 안에서 역사하시는 것을 느꼈다. 모세가 시내 산에서 하나님을 뵙고 얼굴에 광채가 났듯이 우리 마음에도 밝은 빛이 빛나고 있었다.

> "어두운 데에 빛이 비치라 말씀하셨던 그 하나님께서 예수 그리스도의 얼굴에 있는 하나님의 영광을 아는 빛을 우리 마음에 비추셨느니라"
> (고후 4:6).

오칼라로 돌아오고 나서 며칠 뒤 우리는 다시 모였다. 나는 헨리 블랙커비의 《하나님을 경험하는 삶》을 사서 그들에게 선물했다. 그로부터 몇 주 후 간호사로부터 연락이 왔다. 이 책을 텍스트 삼아 가르쳐 달라는 것이었다. 이렇게 해서 마취과 의사와 간호사 둘과 함께 성경공부를 시작하게 되었다.

나는 먼저 복음을 전한 뒤 그들이 주님을 만났음을 확인했다. 그리고 《하나님을 경험하는 삶》이라는 책을 큐티의 교재처럼 사용해서 말씀을 읽어 갔다. 우리는 매일 말씀을 묵상함으로써 하나님의 음성을 듣고 그 말씀에 순종하는 훈련을 했다. 그러자 하나님의 임재하심을 증거하는 삶으로 변화되어 갔다. 우리의 삶을 다스리는 하나님의 평강이 우리 가운데 나타났다. 우리의 성경공부는 2년 동안 계속되었다.

난징에서 내게 기도를 권한 간호사 조이스가 어느 날 나를 찾아왔다.

"나는 매일 아침 성당에 들러 기도를 하고 출근하는데 내 삶에 이렇게 의미 있고 기쁜 날이 올 줄 몰랐어요."

또 다른 간호사는 이 기간 동안 좋은 신앙인을 만나 결혼까지 했다. 난징 선교여행이 가져다준 하나님의 선물이었다.

촛불이 켜지고

우리가 중국 의료선교에서 주력하는 두 가지 방향이 있다. 첫째, 매년 중국에 두 차례 방문해서 수술을 하는 것이고, 둘째, 중국 의사들을 오칼라에 초청하여 훈련하는 것이다. 외과 의사 첸(Chen) 형제와 마취과 의사 바오(Bao) 자매는 오칼라에 와서 훈련받은 첫 번째 훈련생이었다. 우리 집에서 같이 지내면서 낮에는 병원에서 훈련하고 저녁에는 성경공부를 했다. 예수님에 대해 들어 본 적도 없고 성경을 본 적도 없던 그들이 얼마 후 주님을 영접하고 세례를 받았다.

6개월이 지나 그들이 돌아갈 때가 되었다. 교회도 없고 성경을 가르칠 교사도 없고 신앙을 나눌 공동체도 없는 그곳으로 돌아가면 이제 갓 난아기 같은 이 두 신앙인이 어떻게 거센 세상의 폭풍을 이길 수 있을까 걱정이었다. 바람 앞에 흔들리는 촛불처럼 위태로워 보이기만 했다. 그들은 언어의 장벽 때문에 겨우 요한복음 몇 장을 읽었을 뿐이었다.

그러나 나는 그것이 기우에 지나지 않았음을 알았다. 하나님이 이 귀한 생명의 아들딸을 강건하게 지키시고 돌보셨기 때문이다. 이듬해 난징에 갔을 때 그들을 만났다.

"하나님을 믿는 사람으로서 공산당원이 되어도 되는 겁니까?"

병원에서 떠오르는 리더가 되면서 공산당원이 되라는 강권이 있었던 모양이다.

"기독교인이 되면 공산당원이 될 수 없다는 조항이 있나요?"

"입당 원서에 모든 종교를 부정하고 종교인이 되지 않겠다는 서약을 하게 되어 있습니다."

"그러면 안 되지요. 여러분은 공산당원이 될 수 없습니다."

말은 단호하게 했지만 마음이 무거웠다. 그들이 공산당원을 거부하는 것은 단순히 취미생활을 버리는 정도의 간단한 문제가 아니었다. 그들의 생계와 내일의 희망과 가족의 장래가 걸린 문제이기 때문이다. 나는 돌아와 이들이 믿음을 지킬 수 있도록 도와달라고 기도했다.

그 이듬해 다시 난징에 갔을 때 외과 의사는 병원의 강권에 못 이겨 상하이로 떠났다고 했다. 믿음을 지키기 위한 선택이었다! 제자가 선생보다 훌륭했다. 마취과 의사인 자매는 영국으로 유학을 준비하고 있었다. 우리는 병원에 난감한 의사를 표현하고 돌아왔다. 그런데 그 다음해 방문했을 때, 병원은 이들을 다시 불러들였을 뿐 아니라 더 이상 공산당 입당을 강권하지도 않았다.

그런데 우리가 난징의 병원에 간 지 5년이 지났을 때까지도 그들은 스스로 수술할 엄두를 내지 못하고 있었다. 나는 일정이 끝나고 돌아오기 전날 만찬에서 이렇게 재촉했다.

"우리가 이만큼 와서 가르쳤으니 이제는 스스로 수술을 시작할 때입니다. 우린 앞으로 여러분이 스스로 20건의 수술을 하기 전에는 오지 않을 겁니다."

이후 그들은 드디어 스스로 심장수술을 하기 시작했다. 외과 의사인 첸 형제는 남다른 재능을 가진 훌륭한 의사였다. 짧은 기간 내에 이 난징 오칼라 심장센터를 중국 5대 심장센터 중 하나로 일으켰다. 이제는

1년에 1,200건의 심장수술을 하는 병원이 되었다. 첸 형제도 유명해져서, 공산당원이 아니면서도 매년 열리는 전 인민대회에 난징 시를 대표하는 8명의 대의원 중 한 명으로 참석하고 있고, 몇 년 전 갔을 때는 후진타오 주석과 원탁 테이블에 앉아 토론하는 사진을 내게 보여 주기도 했다.

나의 동역자

난징 사역을 한 이후 수많은 중국인 의사와 간호사가 오칼라를 다녀갔다. 그들은 으레 우리 집에서 기숙하며 지냈다. 당연히 아내의 수고가 컸다. 아내의 헌신적인 희생이 없었다면 이 일을 할 수 없었을 것이다. 장성한 성인이 남의 집에서 2~3개월 지내는 일도 쉽지 않았겠지만, 이들을 장기간 섬기는 일은 더 쉽지 않았을 것이다. 아내는 손님들이 자기 집처럼 지낼 수 있도록 배려했고 극진히 대접했다.

그들은 신기하게도 교회를 한 번 같이 다녀오면 자기들이 먼저 성경을 보여 달라고 하고 며칠 되지 않아 스스로 성경공부를 하자고 했다. 나는 나대로 그들에게 성경공부를 가르치느라 수고해야 했다. 하루 종일 병원에서 일하고 돌아오면 피곤하지만 저녁마다 2~3시간씩 성경공부를 했다. 덕분에 그들은 중국으로 돌아갈 무렵이면 주님을 영접하고 세례를 받았다.

오칼라 심장센터의 초청으로 미국에 온 중국인 의사들과 성경 공부를 하고 있다.

중국인 의사들은 감사하게도 주님을 영접하고 세례를 받고 고국으로 돌아갔다.

난징병원 교회

오칼라에 와서 훈련받고 돌아간 형제자매들은 중국에서 자기들끼리 성경공부를 시작했다. 종교의 자유가 없는 나라다 보니, 모일 때든 흩어질 때든 10~15분의 간격을 두고 한 사람씩 모이고 흩어졌는데, 의심을 사지 않기 위해서였다. 중국은 불과 몇 년 전까지만 해도 국가에 의해 엄격하게 통제되는 사회였다. 겉으로는 문호를 개방해서 자유로워 보이지만 실상은 그렇지 못했다.

내가 처음 난징에 갔을 때 지하교회 지도자들이 밤늦은 시간에 호텔로 찾아와 중국 교회의 상황을 설명하고 기도를 요청했다. 그들에게서 삼엄한 공산치하에서도 복음의 역사가 활발하게 일어나고 있음을 확인할 수 있었다. 그들은 과학을 공부한 우리가 와서 "나는 예수님을 믿습니다" 하면 얼마나 힘이 되고 위로가 되는지 모른다고 했다.

중국 교회를 대표하는 세 가지 단어가 있다. 여성 지도자, 농촌, 가난이다. 중국 교회에서는 대부분 여성 목사님들이 설교를 맡고 있다. 그리고 정부의 간섭을 피할 수 있는 농촌 지역에 대부분의 교회가 있다. 그래서 가난한 교회가 많다.

우리는 난징 제1병원의 초청으로 중국을 방문한 터라 이만저만 대접이 융숭한 게 아니었다. 저녁마다 최고급 식당에서 대접하는 것은 물론, 시장이 직접 저녁 만찬을 대접하기도 했다. 그때마다 나는 이 지하 교인들에게 죄송했다. 이렇게 수많은 믿음의 형제자매들이 지하에서 생명을 걸고 복음을 증거하고 있는데 나는 그들을 박해하는 무리들에게 잔칫상을 받고 있으니, 미안하고 죄송했다.

처음 우리가 갔을 때 그들이 지은 공식 명칭은 난징 오칼라 심장센터였다. 이 심장센터는 날로 성장해서 주변의 여러 성에서 환자들이 몰려왔다. 감사한 것은, 이 심장센터를 움직이는 핵심 인물들이 모두 주님의 제자가 된 사람들이라는 사실이다.

한번은 난징 병원장이 나에게 3개월만 와서 병원 행정을 도와달라고 부탁했다. 나는 병원 행정 전문가는 아니지만 당장 눈에 보이는 몇 가지만 고쳐도 병원의 수준이 달라질 것들이 있어서 내가 도움을 줄 수 있을 듯했다. 나는 이제는 훌륭한 심장외과 의사가 되었을 뿐 아니라 영적인 지도자가 된 첸 형제를 병원장이 함께한 자리에 불러 이렇게 말했다.

"나는 미국 병원을 3개월이나 비울 입장이 못 됩니다. 다만, 한 번에 한 달 정도는 올 수 있으니, 만일 병원에서 내가 와 있는 동안 매일 성경공부를 할 수 있도록 허락한다면 그렇게 하겠습니다."

나는 나름대로 담대하게 말한 것인데, 병원장의 대답이 더 대담해서 깜짝 놀랐다.

"심장외과 외에도 우리 병원 직원 모두가 크리스천이 되었으면 좋겠다는 생각을 해요. 심장 팀이 워낙 잘해 줘서요. 성경공부는 얼마든지 해도 좋습니다."

여러 가지 사정으로 장기간 난징병원을 도울 수는 없었지만, 다음에 난징병원을 방문했을 때 첸(Chen) 형제가 병원 회의실에 성경공부 준비를 해 놓고 있었다. 성경공부 첫날 병원 회의실에 들어서니, 오칼라에 와서 세례를 받고 돌아온 믿음의 형제자매들은 물론 그들이 그동안 전도한 의사 간호사들까지 와 있었다. 나는 그들 앞에 서서 한동안 말을 잇지 못했다. 아직도 어디를 가나 크리스천들이 박해를 받는 이 중국 땅에서 하나님의 권세로 이들을 이 자리에 모으셨구나 생각하니 가슴이 벅차올랐다.

중국에 한 번 다녀갈 때마다 엄청난 돈을 써야 했고, 시차에 적응하느라 고생했으며, 열악한 의료 환경에서 가슴 졸이며 수술해야 했고, 이 형제자매들을 집에 데리고 있으면서 양육해야 했던 일이 '이 한순간'을 위해 필요했구나 싶었다. 이 한순간이 얼마나 값지고 귀한 것인지, 나는 가슴 벅차게 감격했다. 이 한순간은, 중국 공산당 핵심에 들어와 하나님의 성소를 세우고 하늘과 땅을 지으시고 역사를 주관하시는 하나님을 선포하는 놀라운 감격의 순간이었다.

복음은 희생이고 숭고한 피이며 순교다. 복음은 고난을 통해 전해지고 역사한다. 인구 13억의 이 나라에서 20년 동안 50명의 크리스천을 낳았다는 것이 도대체 무슨 의미가 있단 말인가. 세상으로 치면 이런 실패도 없을 것이다. 사업으로 치면 백 번 망하는 장사다. 그러나 이것이 바로 하나님이 우리를 사랑하시는 방법이다. 독생자 예수를 십자가에 못 박으시기까지 구원의 길을 여시며 한 생명을 천하보다 귀하게 여기시는 하나님의 사랑의 실체다. 수많은 박해와 순교를 통해 자라는 중국의 교회가 머지않아 세상에 그 모양을 드러낼 것이고 그동안 지하에서 일어난 성령의 놀라운 역사에 전 세계가 머리 숙일 날이 올 것이다.

너희를 고아와 같이 버려두지 않으시고

한번은 난징에서 36세의 여자 환자를 수술했는데 매우 어려운 수술이었다. 1년 전 대동맥류가 생겨 수술했다고 하는데 수술 전후에 변화가 없는 걸로 봐서 그냥 열었다가 닫은 모양이었다. 이 대동맥류는 대동맥궁(Aortic Arch)에 위치해 있어서 뇌로 가는 혈관을 차단해야 하기 때문에 수술이 어렵다. 심폐기에다 피를 보내서 체온을 20°C로 떨어뜨린 후 뇌로 가는 혈관을 차단한 뒤 대동맥류를 잘라 내고 문합을 빠른 속도로 해야 한다. 아무리 체온을 떨어뜨려 뇌의 대사를 줄여도 30분 이내에는 피를 다시 보내야 뇌의 손상을 막을 수 있다. 시간을 다투는 수술이었다.

나는 이런 수술을 여러 번 해 봤기 때문에 2~3시간이면 끝나지 않을까 했는데, 이 환자는 지난번 수술 후 흉부 내 협착이 너무 심해져서 대동맥류가 있는 부분까지 찾아 들어가는 데만 2시간이 걸렸다. 워낙 작은 체구의 여성이라 혈류 주위를 박리하는 데 상당한 시간이 소모되었다. 드디어 아주 힘겹게 수술을 마쳤으나 체온이 낮은 상태로 오래 있어서 다시 체온이 정상으로 돌아오는 데 상당한 시간이 걸렸고 체온이 정상으로 돌아온 뒤에도 피가 멈추지 않았다. 설상가상으로 마취과 의사는 왼쪽 손목에 혈압이 잡히지 않는다고 했다. 왼쪽 팔에 혈관을 끌어올 방법이 없었다. 더구나 성대로 가는 신경을 찾아 잘 보호해야 하는데 이 신경을 찾을 수가 없었다. 오랜 시간이 걸려 가까스로 피를 멎게 하고 수술실을 나왔다.

아침에 시작한 수술이 오후 4시가 되어서야 겨우 끝났으나 수술실을 나오고도 걱정이 이만저만이 아니었다. 오랜 시간 체온이 떨어져 있었으니 뇌가 제대로 깨어날까도 걱정이었고, 왼쪽 손목에 가는 맥박이 잡히지 않은데다 성대로 가는 신경을 못 찾은 것도 걱정이었다. 대단히 실망스러운 수술이었다. 땀에 흠뻑 젖은 채 수술실을 나와 당직실에 들어가 의자에 앉으려다 나는 무릎을 꿇었다.

"하나님, 이 환자 좀 도와주세요. 뇌가 잘 깨어나게 해 주세요. 도와주세요."

순간 성령님의 음성이 들렸다.

"너는 날 믿지 않아."

"아닙니다, 주님을 믿습니다."

"아니야, 넌 날 믿지 않아."

"아닙니다!"

그러다가 잠깐 잠이 든 모양이었다. 누군가 깨워서 눈을 떠 보니 성경공부를 하기 위해 기다리고 있다고 했다. 하루 종일 어려운 수술을 해서 성경공부는 취소되었으려니 했는데 모두 모였다는 것이다.

땀에 전 수술복을 그냥 입은 채로 다들 모여 있다는 회의실에 들어가니 박수를 치며 환영했다. 하지만 나는 박수를 받을 심정이 아니었다. 그들 앞에 섰으나 머릿속이 하얘지면서 무슨 말을 해야 할지 아무 생각이 나지 않았다.

"오늘 기도에 대해 얘기하기로 했는데 먼저 기도부터 하고 얘기하기로 하지요."

그리고 눈을 감고 "주여" 하는데 순간 지칠 대로 지친 나의 육신을 깨우며 주님의 음성이 들렸다.

"너희를 고아와 같이 버려두지 아니하고 너희에게로 오리라."

나는 기도하다 말고 요한복음을 폈다.

"그는 진리의 영이라 세상은 능히 그를 받지 못하나니 이는 그를 보지도 못하고 알지도 못함이라 그러나 너희는 그를 아나니 그는 너희와 함께 거하심이요 또 너희 속에 계시겠음이라 내가 너희를 고아와 같이 버려두지 아니하고 너희에게로 오리라"(요 14:17~18).

그제야 아까 기도할 때 주님이 "너는 나를 믿지 않아" 하신 말씀의 뜻이 이해되었다. "너는 나를 어떤 지식이나 정보 정도로 알고 있는지 모르나 나는 살아 있는 하나님이야" 하시는 말씀이었다. 캄캄한 밤에 등불을 켠 것처럼 내 마음이 깨어났다. 나는 얘기하기 시작했다. 그리고 제안을 했다.

"기도는 기도하며 서로 배워야 하니까 이제 각자 떨어져 15분 기도한 후 모여서 각자 기도하는 동안 성령님께서 무엇을 말씀하셨는지 나눠 봅시다."

다들 헤어져 15분간 기도를 하고 다시 모였다.

"하나님께서 뭐라고 하시던가요?"

한동안 아무도 대답이 없더니 이윽고 한 사람이 물었다.

"하나님의 음성이 소리로 들리나요? 아무 말씀도 들리지 않았어요."

실망스러웠다. 성령께서 내게 말씀하신 것을 이들도 듣기를 바랐건만…. 나는 듣는 기도에 대해 설명했다.

"여러분이 아내나 남편에게 무언가를 얘기할 때면 상대방이 여러분의 얘기에 말로나 표정으로 반응하는 것으로 그 답을 알 수 있듯이, 우리 안에 계신 하나님이 우리 기도를 들으신다는 믿음이 있으면, 하나님이 우리의 기도에 무엇으로든 말씀하시는 것을 들을 수 있습니다. 주님께서 우리를 고아와 같이 버려두지 않고 우리 속에서 그분을 알게 하신다는 말씀의 뜻이 이것이지요. 주님은 여러분이 가진 어떤 정보나 지식이 아니라 살아 계셔서 인격을 가지고 우리와 만나 주시는 분입니다."

그들과 헤어진 뒤 환자의 상태를 알아보니 다행히 좋아지고 있었다. 이튿날 병원에 갔더니 환자는 멀쩡히 깨어나 말도 하고 뇌에도 이상이 전혀 없고 왼손에 없던 맥박도 돌아왔다. 하나님께 너무나 감사했다.

그런데 저녁 모임이 걱정이었다. 어제 시작한 이 얘기를 어떻게 끌어가야 하는지 종일 생각하다 오후 4시가 되어 회의실로 갔다. 문을 열고 들어서자 한 자매가 반가운 얼굴로 다가와 내게 말했다. 어제 헤어진 뒤 집에 돌아가 침대에 누워 기도하는데 하나님께서 "너는 왜 매일 침대에 누워서 기도하니?" 하시더라는 것이다. 일어나 침대 옆에 앉아 "하나님 사랑하는 딸을 지켜 주시고 이렇게 재롱을 떠는 것을 보며 내게 기쁨을 주신 은혜 감사합니다" 하는데 다시 하나님께서 "그런데 너는 나에게 왜 네 딸처럼 그렇게 하지 않지?" 하시더라는 것이다. 그 자리에 임하신 하나님의 음성을 듣고 감격해 하는데 내가 말한 것이 이런 것이구나 싶으며 이해되더라고 했다. 또 다른 형제도 자매와 비슷한 간증을 했다.

우리는 한 주 동안 이 말씀에 기초해서 좋은 시간을 가졌다. 주님께서는 졸지도 주무시지도 않으시고 항상 우리 가운데 거하신다.

말씀하시고 증거를 보여 주시는 하나님

난징 사역은 우리에겐 도전이요, 실험이요, 축복이었다. 이 거대한 중국 대륙에서 일어나고 있는 변화를 20여 년이란 시간을 두고 가까이서 볼 수 있었던 기회이기도 했다. 평범한 인민의 삶으로부터 정부의 핵심 지도자들까지 그들의 생각이 변화해 가는 과정을 목격할 수 있었다. 지하교회와 접촉함으로써 삼엄했던 공산주의 통치하에서도 중국의 교회는 건실하게 성장하고 있고 성령의 바람이 놀랍게 일어나고 있음을 알 수 있었다.

2000년대 초반에 중국 정부가 지하교회 지도자들에게 보낸 문서를 볼 기회가 있었다. 지하에서 양지로 나와 삼자교회에 등록하라는 요지의 공문인데, 거기에는 중국의 크리스천이 9천만이 있다고 명시되어 있었다. 1969년 문화혁명이 절정에 이르렀을 때 모든 교회는 문을 닫았고 목사, 선교사는 순교하거나 감옥으로 갔으며 성경을 가지고만 있어도 죽이거나 수용소로 보내졌다. 서구는 이런 중국을 보며 이제 중국 교회는 죽었다고 선언했다. 설사 크리스천이 남아 있다 해도 고작 10만 명가량에 불과할 것이라고 했다. 그런데 불과 30여 년 사이에 이렇게 크리스천이 많아지다니⋯. 이 일은 성경도 없고 교회도 목사도 없고 성도의 교제도 없는 가운데 일어난 인류 역사상 전대미문의 부흥이다. 성령께서 하신 일이다. 체형과 고난과 환난 중에 생명을 걸고 이룩한 중국 교회의 산 증거다.

어느 날 난징에서 수술을 끝내고 나와 병동과 병동을 연결하는 구름다리 같은 곳에 서서 밖을 내다보며 늘 그랬듯이 하나님과 대화를 하기 시작했다. 때로는 이것이 내 생각인지 하나님의 생각인지 알 수 없을 때도 있다.

"하나님 여기는 그만 와도 되겠지요? 스스로 수술도 잘하고 있고. 심장수술을 하면 극히 적은 수의 환자밖에 볼 수가 없는데 가난한 사람들을 위한 진료소를 열어 보면 어떨까요?"

"진료소를 열려면 내과의사가 있어야 하는데…."

"만약 이 생각이 주님께서 주신 생각이라면 또 주님께서 내가 하기를 원하신다면 내게 증거를 보여 주십시오. 그때까지 기다리겠습니다."

이 일이 있기 전 어느 목사님의 소개로 데이토나비치(Daytona Beach)에 있는 의사 부부를 우리 집에 초대해서 친교를 나눈 적이 있다. 남편인 닥터 윤은 가정의였고 아내는 치과의사였다.

중국에서 돌아온 뒤 어느 날 데이토나비치에 갔다가 돌아오는 길에 문득 이 부부가 생각나 전화를 걸었다. 우리는 서로 안부를 묻다가 중국 이야기를 나누었다.

"중국에 언제 다녀왔습니까?"

"두 달 전에요."

"피터! 나는 중국이든 어디든 갈 준비가 되어 있으니 말만 해요."

"그래요. 언제 한번 같이 갑시다."

그 후 두 달쯤 지났을 때 이들 부부를 소개해 준 뉴욕에 계신 목사님에게서 전화가 왔다.

"세계누가선교회(LWM)에 이사로 들어오면 어떻겠습니까?"

"그렇게 하겠습니다."

이 목사님과는 1985년에 중국에 함께 다녀오면서 인연이 닿았는데, 내가 뉴욕을 떠나 오칼라로 오면서 잠시 연락이 끊겼다가 우리 교회 수양회 강사로 목사님이 오셔서 재회하게 되었다. 이후 중국 연변에 고아원을 설립할 때 우리 교회에서 헌금도 하고 LWM에서 하는 일에 얼마간 관여도 하면서 친분을 이어 오고 있었다. 목사님의 요청으로 LWM 이사회 참석을 위해 뉴욕에 갔다가 목사님과 식사를 하게 되었다.

"LWM 회장을 좀 해줘야겠습니다."

식사를 마무리할 즈음 목사님이 느닷없이 이렇게 말해서 너무 당황스러웠다.

"저는 그냥 이사를 맡아 달라고 해서 온 것인데… 더구나 저는 플로리다에 있고, 대부분의 이사들은 뉴욕에 있지 않습니까? 그럴 수 없습니다."

그러나 목사님은 막무가내였다.

"이미 결정된 사항이니 따라 주세요."

"그러면 기도해 보고 돌아가서 대답해 드리겠습니다."

오칼라로 돌아와 이 일을 두고 기도하기 시작했다. 그런데 언젠가 난징에서 진료소 문제를 가지고 기도하던 것이 생각났다.

"네가 증거를 보여 달라 해서 증거를 보였잖느냐."

하나님의 뜻이었고 계획이었던 것이다. 사실 그때 말은 그렇게 했어도 진료소를 하려면 내과의사도 있어야 하고 여러 가지 뒷받침해 줄 수 있는 선교단체도 있어야 해서 쉽게 엄두를 낼 일이 아니었다. 그런데 내가 LWM의 회장직을 맡으면 선교단체 문제는 해결될 것이고, 내과의사 문제는 얼마 전 만난 닥터 윤이 가면 되었다.

6개월 후 우리는 난징병원에 가서 이런 사정을 설명했다. 보건성에서는 우리가 추진하고 있는 진료소를 주선해 주었다. 양쯔 강 중앙에 인구 2만의 섬이 있는데 거기에 진료소를 세우면 어떻겠냐고 했다. 그렇게 해서 그곳을 답사하고 회의를 여러 번 열어 우리가 할 수 있는 일과 현지에서 해야 할 일들을 의논하고 돌아왔다. 그러나 이 일은 자꾸만 지연되더니 이 일과 관련해 의견을 나누던 지도자들까지 그만두면서 중단되었다.

같은 시기에 나는 네이멍구(내몽골) 바오터우(Baotou)에서도 심장수술을 하고 있었는데, 바오터우 보건성과 의논했더니 당장 오라고 했다.

닥터 윤과 나는 이 일에 착수했다. 닥터 윤은 플로리다에서 진료소를 여러 개 운영하고 있어서 이 분야에서 뛰어난 역량을 발휘했다.

바오터우를 두 번째 방문했을 때 우리는 세계누가선교회 바오터우 보건의료센터(LWM - Baotou Country Health Center)라는 현판을 걸고 이 일을 본격적으로 추진했다. 기초적인 진료 기록부를 작성하는 것에서부터 교육과정까지 일일이 가르치고 격려하며 진료소 사업을 추진했다. 그리고 진료소 소장인 닥터 왕(Wang)을 플로리다로 초청해서 진료소가 할 일을 실습하게 했다. 키도 크고 잘생긴 여자 의사인 닥터 왕은 플로리다에 방문한 기간 동안 주님을 영접했다.

이 진료소는 우리가 가는 병원에 속한 8개 진료소 중 하나였다. 병원에서 이미 운영하던 진료소였기 때문에 우리는 가구나 컴퓨터 같은 자재를 공급했다. 진료소는 아파트 단지 내에 있었는데, 이 때문에 나는 가정 방문 진료를 제안했다. 의사 한 명 간호사 두 명이 아파트를 방문해서 혈압을 재고 당뇨병 검사를 하면서 진료소를 홍보하면 좋겠다 싶었다. 더구나 이것은 나중에 진료와 함께 복음을 전하는 좋은 구실이 될 것 같았다. 이것이 계기가 되어 진료소는 중국 최초로 '가정건강관리'(Home Health Care) 프로그램이 되었다. 지금은 네이멍구 전체의 훈련센터가 되었다. 베이징에서 열린 포럼에서는 성공한 모델로서 소개되는가 하면 전국의 진료소 직원들을 훈련하는 훈련센터로 기능하고 있다. 또한 닥터 왕은 1차 의료(Primary Care)에 관한 훌륭한 책도 출판했다. 최근에는 새로운 건물을 지어 이사 갈 준비를 하고 있다. 하나님께서는 오늘도 말씀하시고 말씀에 순종하면 이 일이 하나님께서 하신 일이라는 증거를 보여 주신다.

하나님이 이제까지 일하시니

창세기 1장 1절을 종이에 쓰고 하나님의 말씀을 듣기 시작한 이래 나는 나의 꿈과 희망과 비전을 내 사전에서 지워 가는 시간을 보냈다고 생각한다. 예수 그리스도 한 분이 내 속에 살아 계시고 그분이 내게 말씀하실 수 있게 마음을 비우면 주님은 항상 말씀하시고 말씀하신 것에 대해 증거하신다. 그러니 내가 따로 비전을 품고 꿈을 꿀 필요가 없다.

예수님은 "내 아버지께서 이제까지 일하시니 나도 일한다"(요 5:17)고 하셨다. 예수님이 이 시간에도 졸지도, 주무시지도 않고 열심히 나를 위해 일하시므로 나는 그저 그분이 무엇을 하시는지만 알면 된다.

"주님이 하시는 일이 무엇인지 알려 주세요."

이것이 내 기도의 주제다. 주님은 말씀을 통해, 환경을 통해, 사람을 통해 내게 말씀하신다. 내가 할 일은 주님의 음성을 듣고 순종하는 것이다. 그러면 그분의 생명이 나의 삶을 통해 살아 역사하신다. 내가 스스로 주님을 위해 무엇을 하려고 계획하고 서두를 필요가 없는 것이다. 내 계획을 다 버리고 주님의 인도하심을 따라가면 너무도 바쁘고 보람 있는 삶을 살 수 있다.

난징에 왕래한 지 6년째 되었을 때 우리는 그동안 우리가 한 수술의 통계를 내 보았다. 중국에서는 미국보다 중증환자가 더 많았다. 지금까지 300명의 환자를 수술했는데 합병증이 생긴 것은 미국에서도 마찬가지였지만, 사망자 수는 단 2명이었다. 이렇게 열악한 상황에서 이런 결과를 얻은 것은 '하나님의 은혜'로밖에는 설명할 길이 없다. 모든 것을 다 갖춘 미국에서도 이런 결과가 나온 적이 없었으니 말이다. 난징병원이 우리의 도움 없이 스스로 수술을 하게 되었을 때, 이 같은 결과를 발표하자 많은 환자들이 모여들기 시작했다.

네이멍구에서 하나님이 하신 일

난징에 가기 시작한 지 10년쯤 되었을 때, 우리가 한 일이 입소문이 나자 여기저기서 우리를 초청했다. 푸저우와 연변, 바오터우 등에서 초청해 왔다. 1985년 중국에 처음 갔을 때 베이징에서 여행사를 하는 귀골이 장대한 몽골인을 만나 오래 친분을 쌓았는데, 그의 누이가 보건성 장관으로 있는 네이멍구의 바오터우에 와서 심장수술을 도와달라고 했다. 몇 해에 걸쳐 요청이 왔지만 가지 못하다가 1999년 마취과 의사와 함께 바오터우를 처음으로 방문했다.

바오터우는 다른 중국 도시에 비하면 10년은 뒤처졌으나 몽골인들의 관습은 생각보다 화려했다. 고비 사막이 옆에 있어서 봄이면 황사가 아주 심하지만 지하자원이 풍부하여 중국에서 두 번째로 큰 철강회사가 있다. 이 회사에서 일하는 직원만 20만 명이나 된다. 이 회사가 경영하는 병원에서 우리를 초청했다. 우리는 기도하면서 이것이 하나님의 뜻이며 우리가 해야 할 일이라는 결론을 내리고 드디어 2000년에 그 곳으로 가서 수술을 하기 시작했다. 돈이 있는 극소수만 베이징에 가서 수술을 받을 수 있는 형편이다 보니 병원에 오는 환자들은 대부분 중환자들이었다.

시설이 낙후해서 수술실에서 중환자실까지 가려면 엘리베이터를 두 번이나 갈아타야 했다. 의사들이 구소련에서 배운 심장수술을 하고 있어서 예상치도 못한 일들이 일어나곤 했다. 보다 좋은 방법으로 치료하는 것을 알려 줘도 생각과 습관을 바꾸기는 쉽지 않았다.

한번은 80세 노인이 찾아왔다. 검사 자료를 보니 이 환자는 과거에 심장마비가 와서 심장의 3분의 1이 괴사되어 있었다. 심장 진료로 유명한 베이징에 있는 병원에도 두 곳이나 찾아가 봤지만 모두 수술을 할 수 없다는 대답만 들었다고 했다. 우리는 의논한 끝에 수술이 가능하다고 판단하고 기도한 후 수술을 진행했다. 심장마비가 온 부분에 혈전이 형성되었는데 이것이 심장만 하게 커져 있었다. 이 부분을 잘라내고 수술을 했다. 수술은 잘되었고 정상적으로 회복되고 있었다. 그런데 수술 후 3일째 되는 날 아침 환자가 갑자기 없어졌다. 병원이 발칵 뒤집혔으나 끝내 찾지 못했다. 그런데 저녁이 되어서야 환자가 다시 돌아와서는 태연하게 말했다.

"미국에서 온 의사가 수술을 얼마나 잘했나 점검하기 위해 시내에 나가 차도 마시고 친구도 만나고 왔어요."

바오터우에서 수술한 80세 노인

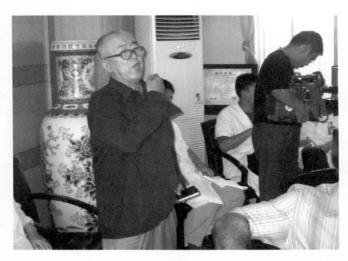

수술 1년 뒤의 모습. 그는 사람들에게 수술 경과가 얼마나 좋았는지를 30분이나 설파했다.

우리가 떠나기 전 그동안 우리한테 수술받은 환자들을 인터뷰하러 방송국에서 나왔다. 뉴스에까지 알려지면서 더 많은 환자들이 몰려왔다. 이듬해 갔을 때 노인은 모임에서 일어나 자기가 수술 전 얼마나 힘들게 살았으며 지금은 얼마나 잘 지내고 있는지를 30분이나 설명했다.

늘 그랬듯이 우리는 바오터우에서도 의사들을 초청해 오칼라에서 훈련받도록 했다. 바오터우에서는 외과 의사와 마취과 의사가 3개월간 오칼라에 와서 훈련받았는데, 물론 우리 집에서 지내며 성경공부도 했고 주님을 영접하기도 했다. 돌아가기 얼마 전 세례를 남겨 두고, 외과 의사가 세례를 받지 못하겠다고 했다. 몽골에서는 종교를 바꾸려면 부모의 허락을 받아야 하는데, 아내부터 반대하고 나섰다는 것이다. 그는 끝내 세례를 받지 못했지만, 믿음을 가지고 돌아갔다. 그런데 이 외과 의사가 혼자서도 수술할 수 있게 되었을 즈음 갑자기 병원을 떠나게 되어 병원에서는 공(Gong)이라는 외과 의사를 오칼라로 보냈다. 공 형제는 신실한 의사였다. 오칼라에서 훈련받으며 주님을 영접하고 세례를 받고 돌아갔으나, 수술할 수 있을 즈음 병원장이 바뀌면서 새로 온 병원장이 또 다른 외과 의사를 불러들였고, 공 형제는 견디지 못하고 병원을 떠나 버렸다. 병원은 이래저래 자리를 잡지 못하고 있었다.

그러나 하나님은 또 다른 계획을 가지고 계셨다. 나는 중국에 다니면서 주님의 제자들을 만들고 길러 내 중국 땅에 교회가 서기를 소망했다. 그러던 중 오칼라에 있는 젊은 호프만(Hoffman) 목사님을 초청해 바오터우에 같이 가게 되었다. 나는 그 전에 바오터우 측에 교회 지도자를 만날 수 있게 주선하는 것은 물론 교회에서 설교할 수 있었으면 좋겠다고 청했다. 그러나 바오터우 측은 목사님이 같이 오는 것은 환영하지만 일체의 종교활동은 할 수 없다고 못 박았다. 목사님은 그렇더라도 같이 가겠다고 해서 바오터우를 방문하게 되었다.

그런데 뜻밖의 사역의 길이 열렸다. 목사님이 학교를 방문하면 학생들이 부활절이나 성탄절에 대해 물어보았고, 교장 선생님의 허락하에 대답해 주면서 본의 아니게 성경과 기독교에 대해 이야기하게 된 것이다. 이때 목사님은 중국을 품게 되어 이듬해 30여 명의 영어교사를 이끌고 중국에 들어가 영어캠프를 열었다. 영어캠프는 매년 대성황을 이루었는데, 4년째 영어캠프를 열고 돌아온 목사님으로부터 점심식사를 같이 하자는 연락이 왔다.

"가족과 함께 바오터우에 선교사로 가기로 결정했습니다."

너무 감사하고 감격스러웠다. 순간, 목사님과 만나고 나눈 시간들이 주마등처럼 스쳐 지나가며 이것이 하나님의 계획과 인도하심 가운데 이뤄졌음을 깨달았다.

나와 호프만 목사님의 인연은 이보다 한참 전에 시작됐다. 나는 오래전에 그분이 계시던 교회의 초청으로 수요예배에서 말씀을 전했는데, 다음날 그 교회 교인한테서 담임목사님이 뇌혈류 파열로 병원에 입원하셨다는 전화를 받았다. 담임목사님은 안타깝게도 이틀 후 하나님의 부르심을 받았다. 호프만 목사님은 당시 그 교회 부목사님이었는데, 그런 인연으로 알게 되어 우리 병원 수요 기도회에서 말씀을 인도해 주시곤 했다. 호프만 목사님이 목회를 맡은 이래 교인이 600여 명으로 늘어나는 등 교회는 크게 부흥했다. 이렇게 상당히 성공적인 목회를 하고 있던 호프만 목사님은 남미 선교사로 나가 있던 친구에게 교회를 맡기고 사막 같은 바오터우에 선교사로 나가겠다고 결단한 것이다.

그리고 그 해 가을 목사님과 우리 팀은 바오터우에 들어갔다. 당시 우리 집에 와서 복음을 듣고 돌아가 지금은 보건성 장관이 된 병원장과 현직 병원장에게 호프만 목사님을 대학에 영어교사로 정식 임명해 달라고 부탁했다. 그렇게 해서 호프만 목사님은 바오터우로 이주해 영하 30°C의 혹한에도 자전거를 타고 다니며 사역을 시작했다. 그리고 이후 목사님을 따라 여섯 가정이 바오터우에 선교사로 나갔다. 공공 장소에서 복음을 전할 수는 없지만 일대일로는 얼마든지 복음을 전할 수 있어서 벌써 수많은 형제자매들이 주님의 제자가 되었다. 심장 병원은 아직 큰 발전은 없지만, 의료사역을 통해 기초 돌이 놓였고 누군가 이 돌을 딛고 하나님 나라의 소원을 이루고 있는 것에 너무나 감사하다.

연변으로

오칼라 심장센터는 점점 다른 도시로 사역지를 넓혀 나갔다. 나와 카마이클은 주로 중국으로 나갔고, 어떤 이는 인도로, 케냐로, 세계 여러 나라로 나가 심장수술 사역을 했다.

우리가 난징에서 심장병원을 설립하고 사역하고 있을 때 연변의과대학 병원으로부터 초청이 왔다. 우리는 일단 초청을 받으면 매우 신중하게 검토한다. 우리가 가서 심장수술을 하는 것으로 끝나지 않고 그들이 스스로 심장수술을 할 때까지 돕겠다는 각오로 하기 때문에 신중할 수밖에 없다. 우리는 먼저 모여서 의논하고 기도한 뒤 사역지를 선정한다.

연변의과대학 심장수술 사역도 그렇게 해서 시작했다. 오랫동안 헤어져 있던 동족들을 만나게 되면서, 파란만장한 민족의 역사 속에서 고난의 길을 걸어야 했던 그들의 삶도 알게 되었고, 가까운 북한의 실정도 귀동냥으로 듣게 되었다. 이곳에서 일하는 남한의 선교단체들도 알게 되어 너무 감사했다.

연변에서 수술을 시작하게 되면서 곧 의사 세 명을 오칼라로 초청했다. 우리가 현지에서 여러 번 보여 주는 것보다 오칼라에 초청해서 직접 경험하고 훈련하는 것이 더 도움이 되었기 때문이다. 나는 늘 하던 대로 낮에는 병원에서 훈련하고 저녁에는 성경공부를 인도했다. 그리고 이들 셋은 다 주님을 영접하고 세례를 받고 돌아갔다. 이듬해 연변에 갔더니 외과 의사 부인이 개인적으로 저녁에 초대하고 싶다고 했다.

"박사님이 우리 남편에게 무슨 일을 하셨기에 석 달 사이에 사람이 이렇게 바뀌어서 돌아올 수 있습니까!"

식사에 초대한 아내가 한 말이었다. 남편은 미국에서 돌아오자마자 결혼 후 처음으로 자기를 데리고 나가 저녁을 먹더니 설거지도 도와주고 자기 얘기에 귀를 기울이더라는 것이었다. 아내는 농담이었겠지만 "아직 조금 더 고칠 데가 있으니 한 번만 더 데리고 갈 수 없겠습니까?" 했는데, 실제로 그는 얼마 후 오칼라에 다시 와서 훈련을 받고 돌아갔다. 산부인과 의사지만 병원장 비서를 하고 있던 여자 의사 한 분도 미국에 다른 일로 왔다가 우리 집에서 며칠 묵었는데, 이때 복음을 듣고 주님을 영접하고 돌아갔다. 그녀는 나중에 신실한 믿음의 사람이 되어 우리가 연변에 다니는 동안 항상 우리와 함께 기도하며 헌신해 주었다. 사랑하는 남편을 여읜 후 보여 준 그녀의 성숙한 믿음의 자세는 실로 감동적이었다. 외동딸을 믿음으로 키워 베이징대학에 진학시킨 믿음의 어머니이기도 했다.

연변의과대학 사역은 병원장이 바뀌면서 일단 중단되었지만 수년 전 다시 임용된 병원장이 우리를 찾아와 간곡히 부탁해서 다시 가기 시작했다.

평양으로

1999년 뉴욕에 있는 유엔 주재 북한대표부를 통해 평양 적십자병원으로 부터 초청을 받았다. 그런데 이런저런 일로 가지 못하다가 이 문제를 두고 기도하며 말씀을 묵상하던 중 하나님께서 내가 평양에 가는 것을 원하신다는 확신을 얻게 되었다. 드디어 2001년 4월, 평양 방문을 준비하기 시작했다.

막상 방문하기로 결정하기는 했으나 준비 과정이 힘들었다. 평양에 가면 어떨지 막연하기만 했다. 도대체 그곳에 어떤 설비와 물자가 있는지 알 수 없었다. 수술에 필요한 모든 소모품을 준비했다. 당시는 베이징에서 평양 가는 비행기가 일주일에 두 번 화요일, 토요일에만 있었다. 우리는 토요일에 들어가서 주일에는 교회에서 예배드리고, 월요일 하루 일한 다음 화요일에 나오는 일정을 짰다.

나를 포함한 일행 6명이 베이징에 도착해 하룻밤을 묵고 다음날 아침 일찍 베이징 주재 북한대사관에 비자를 받으러 갔다. 태어나서 처음으로 북한 사람을 만났다.

'뭐 다른 게 아무것도 없네. 우리말도 잘하지 않나.'

그런데 비자가 없단다. 여기까지 왔지만 막상 가려고 하니 주저하는 마음도 있었기에 나는 속으로 '잘되었다. 베이징에서 며칠 관광하고 가면 되겠네' 하고 두말 않고 돌아서려는데 북한 사람이 물었다.

"평양은 왜 가시요?"

"평양 적십자병원에 심장수술 하러 가는데요."

"어느 기관이 초청했습니까?"

"아태 평화위원회에서요."

"진작 왜 말하지 않았습니까?"

이게 비자가 있고 없고와 무슨 상관이란 말인가.

"잠깐 기다리시오."

책상에 쌓인 서류를 뒤지는지 30분 만에 비자를 찾았다면서 들고 왔다.

'할 수 없지 그럼 가야겠네' 하고 비자를 받아 들고 대사관을 나왔다. 그러고는 고려항공사가 있는 호텔로 비행기표를 사러 갔다. 그런데 여기서도 예약이 없고 만석이라 오늘 갈 수 없다고 했다. 비자 받느라 돈 낸 것은 아깝지만 '잘됐네' 하고 돌아서려는데 "우리가 최선을 다해 보겠으니 일단 표를 사서 공항에 가십시오" 했다.

최선을 다해 보겠다는데 "그냥 두시오" 할 수는 없지 않은가. 마지못해 비행기표를 사서 공항으로 갔다. 같이 간 동료들은 이쯤 되니 눈치를 채고 믿을 수 없다는 표정을 지었다. 공항에 도착해 표를 들이미니 똑같은 말을 했다. 예약이 없으니 마지막까지 기다려 보라는 것이었다. 여느 때 같으면 중간에 가서 물어도 보고 사정도 해 보고 했겠지만 나는 가만히 기다렸다. 혹시 평양에 가지 않는 것이 하나님의 뜻인지도 모른다는 생각이 들었기 때문이다.

사람들이 탑승구로 향하고 우리 일행 6명만 남았다. 이윽고 고려항공 책임자로 보이는 나이 드신 분이 다가와 말했다.

"자리가 없어 미안합니다."

"뭐, 할 수 없죠."

그런데 그도 대사관 사람처럼 내가 미국인과 같이 있으니 호기심이 생긴 모양이었다.

"평양에는 왜 가십니까?"

"적십자병원에 심장수술 하러 가는데요."

"어느 기관 초청으로 가십니까?"

"아태 평화위원회요."

"그걸 지금 얘기하면 어떻게 합니까? 여기 가만 기다리십시오."

그는 탑승권을 받아 들고 가는 사람들에게서 표를 뺏어 우리 일행에게 비행기표 5개를 건네며, "선생은 동포시니까 미안하지만 승무원 자리에 앉아 갈 수 있겠습니까?" 했다. 이 정도 불편쯤이야 참아야겠지만, 어쩐지 불안하고 복잡한 마음으로 우리는 비행기에 올랐다. 하나님이 주신 말씀도 있었지만, 불안한 마음을 떨칠 수가 없었다.

드디어 평양 공항에 도착했다. 적십자병원의 의사들과 아태 평화위원회에서 마중 나와 있었다. 우리를 반갑게 맞는 그들을 보는 순간, 그동안 불안해했던 것이 부질없었구나, 이분들이 피를 나눈 동포이며 형제구나 하는 생각이 들었다.

공항에서 평양 시내로 들어가는 길은 마치 타임머신을 타고 먼 옛날로 돌아간 듯했다. 어릴 때 저런 논길을 따라 학교를 다니던 기억이 났다. 대부분의 여인네들은 한복 치마저고리를 입고 있었다. 평양은 깨끗한 도시였지만 차가 거의 없었다.

평양 공항

고려호텔에 도착하여 짐을 내려놓고 병원 관계자들과 일정을 상의했다. 의외로 많은 환자들이 기다리고 있었다.

'월요일 하루 일할 생각으로 왔는데….'

서로 연락이 되어 사정을 알았으면 일정을 변경할 수 있었는데 하는 아쉬움이 들었다. 우리는 주일날 교회를 다녀온 뒤 오후에 첫 수술을 하기로 하고 곧바로 병원으로 갔다. 30대 초반의 승포판협착증이 심한 환자인데 걸음도 제대로 걸을 수 없는 중증환자였다. 내일 있을 수술에 대해 설명한 후 "나는 하나님을 믿는 사람입니다. 이 수술을 위해 당신을 위해 기도해도 되겠습니까?" 하고 물었다.

"그러시죠."

환자의 손을 잡고 기도하려는 순간 갑자기 목이 메었다. 침묵이 흘렀다.

지난 수개월 동안 수많은 우여곡절을 거치며 이 일을 준비한 것이 결국 지구 반대편에 있는 이 환자를 위한 하나님의 사랑 때문이었구나. 한 영혼을 천하보다 귀히 여기시는 하나님의 사랑이 내 가슴을 감동케 했다. 거리로나 마음으로나 이 먼 곳에 우리를 오게 하신 하나님의 마음을 깨닫는 순간 나는 내 자신이 너무나 창피했다.

'나야말로 가망이 없는 불순종의 자식이구나. 술 마시고 방탕하게 살던 나 같은 자를 부르셔서 새 생명을 주시고, 오늘까지 불가능한 가운데서도 심장외과 의사로 만들어 여기까지 인도하셨는데, 이 죽어 가는 영혼을 두고 오늘 하루 종일 하나님과 벌인 나의 흥정은 실로 가관이었구나. 말씀이 들렸으면 뭐 하나, 순종할 마음이 없는데! 그러고도 내가 주님의 제자라고!'

하나님 앞에 그리고 같이 온 동료들과 무엇보다 내가 손을 잡고 있는 이 환자에게 너무 창피하고 미안했다. 겨우 감정을 추스르고 '미안하다, 미안하다. 더 기쁜 마음으로 오지 못해서' 하는 마음으로 기도를 마쳤다. 언제나 그랬던 것처럼 성령께서 나의 죄 된 마음에 불을 켜시면 세상이 한순간에 이렇게 밝을 수가 있을까, 생각이 이렇게 순수해지고 깨끗해질 수 있을까 할 만큼 나를 둘러싼 세상이 달라 보였다.

'왜 며칠 더 있을 생각을 하지 않았을까.'

생각이 간사하기가 이를 데 없었다. 평양을 오기 위해 준비한 지난 몇 개월이 생각났다.

'나는 왜 좀 더 믿음으로 행동하고 생각하는 주님의 제자가 될 수 없었을까. 순종하는 마음으로 준비할 수도 있었는데…. 하늘에 나는 새 한 마리도 하나님께서 먹이시고 기르시는데 고통 중에 있는 이 환자들을 위해 우리를 부르신 게 아닌가! 주님께서 내가 이 일을 하기 원하신다고 내게 말씀하시지 않았던가. 나는 도대체 지난 시간 무엇을 위해 기도했단 말인가.'

나는 하나님 앞에 회개했다. 하나님의 사랑은 능력이다. 이 사랑을 깨닫는 순간보다 더 나를 순수하게, 바르게 만드는 것은 없다. 우리는 흔히 하나님께 영광을 돌린다는 말을 쓴다. 죄 된 내 안에서 하나님께 돌릴 영광은 없다. 달은 해의 빛을 받지 않고서는 빛을 낼 수 없는 것처럼 하나님의 사랑을 받을 때만이 그 사랑을 되돌릴 수가 있다.

"그는 하나님께 기도하므로 하나님이 은혜를 베푸사 그로 말미암아 기뻐 외치며 하나님의 얼굴을 보게 하시고 사람에게 그의 공의를 회복시키시느니라"(욥 33:26).

"만국이 그 빛 가운데로 다니고 땅의 왕들이 자기 영광을 가지고 그리로 들어가리라"(계 21:24).

주일날 봉수교회를 다녀와 점심식사를 한 뒤 곧장 병원으로 갔다. 수술 준비를 마치고 수술실에 환자를 옮긴 후 마취를 했다. 환자의 심장 상태가 나쁜 줄은 알았지만 막상 마취를 하고 스완-간도관(swan ganz)을 넣었더니 오른쪽 폐압이 왼쪽 혈압과 똑같아진 중증이었다.

그런데 마취 기계가 작동을 하지 않았다. 고치다가 다른 기계를 가져왔지만 그것도 작동하지 않았다. 그러느라 2시간이나 흘렀고 환자의 상태가 불안해지기 시작했다. 나는 또 믿음 없는 불평을 하나님께 하기 시작했다.

'첫 환자 수술도 못하고… 이 환자가 잘못되면 다시는 여기 올 수도 없을 텐데요.'

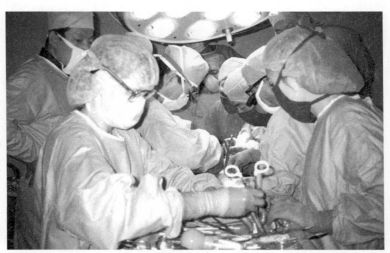

2001년 첫 방문 때 우리가 수술하는 모습을 북한 의사들이 지켜보고 있다.

그때 같이 간 마취과 의사가 말했다.

"내가 약물로 최선을 다할 테니 가능한 빨리 수술을 하세요."

수술은 시작됐고 준비해 간 인공판막으로 승모판을 갈았다. 나는 온 정신을 쏟아 수술을 끝냈다. 그런데 끝내고 보니 방 안 가득 들어와 참관하고 있던 의사들이 너무도 놀라는 표정이었다.

"선생님, 55분 걸렸습니다. 아니 45분 걸렸습니다."

지금껏 소련에서 배운 방식대로 수술을 하면 적어도 4~5시간 걸리는 수술을 1시간 내에 했다는 것이다. 마취 기계 문제로 시간을 허비하고 오후 4시가 되어 집도를 했으니 밤이 늦어야 끝날 줄 알았는데 겨우 5시에 수술이 끝났으니 경이롭다는 것이다. 하마터면 위험한 상황이었는데 하나님께서는 이 환자를 통해 우리를 높이셨다. 이 일로 그들은 심장수술을 우리한테 배우고 싶으니 앞으로 꼭 도와달라는 요청을 했다. 수술을 끝내고 호텔로 돌아왔더니 호텔 수위가 어디서 들었는지 수술 얘기를 했다.

"선생님, 오늘 심장수술의 신기를 보이셨다면서요."

마취 기계 일로, 전기 사정이 좋지 않은 일로 마음을 졸였는데 첫 수술을 잘할 수 있어서 하나님께 감사했다. 다음 날 두 명의 환자를 수술하고, 3박 4일의 짧은 일정을 마치고 돌아왔다. 꼭 다른 세상을 다녀온 것 같았지만 하나님의 음성을 듣고 이 백성들을 향한 하나님의 마음을 알게 된 것이 너무나 감사했다.

미국에 돌아온 지 며칠 되지 않아 유엔 주재 북한대표부를 통해 수술 환자들이 잘 회복되어 퇴원했다면서 진심 어린 감사의 메시지를 보내왔다. 이를 계기로 우리는 1년에 두 차례 평양을 방문하여 많은 환자들을 수술하기 시작했다.

한번은 평양에서 며칠간 수술한 뒤 내일이면 떠나야 할 참인데, 몇몇 환자들을 더 봐달라고 했다. 한 병실에 들어갔더니 30대 중반의 남자 환자 네 명이 기다리고 있었다. 세 명은 수술을 해야 하지만 조금 더 기다려도 될 것 같은데 그중 한 명은 아주 나쁜 상태였다.

'이 환자를 이번에 수술했으면 좋았을 텐데….'

평양에 도착하면 이미 수술할 사람과 순서가 정해져 있었다. 이 환자가 우리가 다시 오게 될 6개월 후에도 살아 있을까 하는 생각에 몹시 안타까웠지만 어쩔 도리가 없었다. 병원을 나오는데 이 환자와 부인이 병원 잔디밭에 앉아 있었다. 나는 그에게 가서 말했다.

"우리가 6개월 후 다시 오면 반드시 당신을 첫 번째로 수술할 테니까 여기 의사 선생님 얘기 잘 듣고 기다리세요."

그러나 6개월 후 중국에 사스가 돌아서 우리 팀은 평양에 가지 못했다. 1년 후 평양에 갔을 때 나는 이 환자가 잘못되었으리라 생각하고 공항에 도착하자마자 심장외과 과장에게 물었더니 지금 병원에 와 있다는 것이었다.

"아직 살아 있어요."

나는 너무나 반갑고 감사했다.

"그런데 수술을 못하실 것 같습니다. 심장이 너무 나빠져서….."

호텔에 짐을 풀자마자 바로 병원으로 가 그 환자를 만났다. 1년 전 봤을 때는 판막 2개가 나빴는데 지금은 판막 3개가 나빠졌고 심장은 너무 커져서 왼쪽 복부에서 심장 맥박이 잡힐 만큼 상태가 나빴다. 환자는 눈만 살아 있는 듯했다.

'1년 전에 수술했어야 했는데….' 너무 안타깝고 미안해서 아무 말도 못하고 환자 얼굴만 바라보았다. 환자도 눈치를 챘는지 눈에 눈물이 가득했다. 그 순간 내가 수술을 할 수 없다고 말하면 이 환자는 당장 죽을 것 같았다. 이윽고 환자가 말했다.

"1년 전 선생님이 다음에 오면 반드시 첫 번째로 수술하시겠다는 약속 한마디만 믿고 기다렸는데, 죽어도 좋으니 수술해 주십시오. 이대로는 더 이상 살 수가 없습니다."

주위를 둘러봤지만 같이 간 동료나 그곳의 의사들이나 한마디 의견을 말하는 사람이 없었다. 생과 사의 갈림길에 선 이 사람의 운명을 나 혼자 결정해야만 했다.

'주님께서는 어떻게 하시겠습니까?'

방에서 나와 복도를 걸으며 물어도 주님은 아무 대답이 없으셨다. 한참 동안 병원 복도를 걷다가 나는 다시 그 환자가 있는 방으로 들어가서 말했다.

"내가 수술을 할 텐데 내게 하루만 시간 여유를 줄 수 있겠어요?"

"그렇게 하세요."

수술할 과정을 꼼꼼히 따져 봐야 했다. 우리가 가져간 물자가 이 환자를 수술하기에 충분한지, 피는 잘 준비되었는지, 피가 멎지 않을 때 어떤 대비를 할 수 있는지 챙겨야 할 일이 한두 가지가 아니었다. 무엇보다 나는 기도할 시간이 필요했다. 그리고 나는 밤낮을 가리지 않고 기도하기 시작했다. 하루에도 여러 번 수술할까 말까 생각이 바뀌었다. 오랜 시간 훈련해서 마침내 올림픽에 출전한 선수가 이 순간을 기다렸다는 듯이 집중해서 경기를 치르는 것처럼 나는 하나님 앞에 나의 육과 혼과 영을 모아 이 환자에게 모든 것을 쏟을 수 있도록 기도했다.

당일 아침 나는 그의 손을 잡고 간절히 기도했다. 마음이 평안해졌다. 그리고 주님께서는 내 손을 통해 한 치의 오차도 없이 이 환자를 수술하셨다. 판막 3개를 가는 데 2시간 남짓 걸렸다. 수술할 동안 멈췄던 심장에 피를 다시 보내자 심장박동이 살아나기 시작했다.

"육체의 생명은 피에 있음이라"(레 17:11)고 하신 하나님의 말씀이 증명되는 순간이었다. 이 과정을 숨죽이며 지켜보던 사람들의 입에서 탄성이 터졌다. 나는 주위 사람들이 한마디 할 때마다 속으로 이렇게 대답했다.

"정말 놀라운 수술입니다."

'주님이 하셨는데 놀라울 수밖에 없지요.'

"피가 나지 말아야 할 텐데…."

'이렇게 수술을 해주신 분께서 그까짓 피쯤 멈추게 안 하실까.'

나의 가슴은 주님의 임재하심으로 터질 것 같았다. 환자를 데리고 나와 중환자실에서 안정을 취하게 한 다음 나는 오랫동안 주님과 함께 있었다.

내가 1년 전에 약속한 "다음에 오면 당신을 첫 번째로 수술하겠습니다"고 한 말에 생명을 걸고 기다린 이 환자와 같이 오늘도 '누군가'가 오기를 기다리는 사람들이 이 땅에는 얼마나 많을까. 주님께서 부활하여 승천하시기 전 "내가 다시 오리라" 하신 말씀이 생각났다.

십자가에 죽으시고 부활하신 주님이 다시 오기를 기다리는 우리들처럼, 언젠가는 이 사람들이 기다리는 것이 내가 아니라 '부활하셔서 살아 계신 주님'이 될 것을 간절히 기도했다.

하나님께서 이 순간 내가 가장 잘할 수 있는 곳에, 나 외에는 그 누구도 있을 수 없는 곳에 나를 부르셨다는 생각에 나는 감격했다. 환자는 예상대로 회복이 잘되어 수술 후 2년이 경과한 뒤에는 예전에 하던 스쿠버 다이버로 돌아가 일하고 있다고 했다. 심장이 한 번 그렇게 망가지면 수술을 해도 정상으로 돌아오지 않는 것이 일반인데 이해할 수 없는 하나님의 기적이었다.

이 들꽃 같은 한 생명을 향한 하나님의 사랑에 대해 나는 증인이다.

자기에게 준 생명을 가볍게 생각하고, 어떤 모종의 사고에 의해 생겨난
것처럼 행동하며 이 시간에도 생명을 허비하는 모든 자들에게 이런 하
나님의 사랑을 말해 주고 싶다.

　북한 의사들도 중국 의사들처럼 오칼라로 초청하기 시작했다. 우선
병원 지도자들이 와서 우리 병원의 시스템을 알아야 같은 목적과 방향
을 가지고 평양 심장센터를 잘 수립할 것 같아 병원장과 병원 간부들을
초청했다.
　첫해에 병원 간부 3명과 장기적으로 훈련받을 의사 3명을 초청했다.
당시 부시 대통령이 집권하던 시절이라 미국과 북한 간의 왕래가 전혀
없어서 우리의 교류가 유일했다고 한다. 그래서인지 미국 국무성은 이
들에게 비자를 한 달 만에 내주는 호의를 베풀었다.
　간부 3명은 일주일 견학하고 돌아갔지만 나머지 3명은 3개월 동안
우리 집에서 같이 지냈다. 북한 의사가 미국 가정에서 지낸 일은 이번
이 처음이라고 했다. 처음에는 서로 익숙해지는 데 어려움이 없지 않았
다. 하지만 시간이 지날수록 역시 우리 동포라는 생각이 들면서 정이
들기 시작했다. 노래방에서 같이 부를 수 있는 노래가 많다는 데 서로
놀라기도 했다. 중국에서 온 의사들과는 저녁식사 후 성경공부를 했지
만 이들과는 다른 일로 좋은 시간을 보내야 했다.

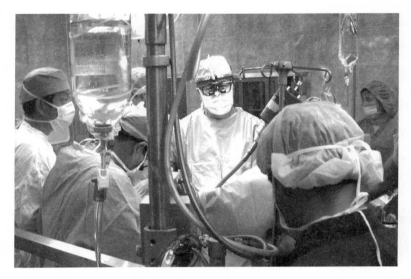

잘 정비된 환경에서 수술하고 있는 최근의 모습

북한에서 우리가 수술해야 할 환자는 대부분 중증환자들이었다. 적절한 시기에 심장수술을 받지 못했기 때문이다. 하지만 우리가 처음 방문했을 때는 50%나 되었던 사망률이 현격하게 줄어 요즘은 거의 사망자가 없다고 한다.

심방중격결손증(ASD) 진단을 받은 54세의 여자 환자가 있었다. 내가 지금까지 본 중증 환자 중에 가장 어려운 환자였다. 지난 10년 동안 복수가 차서 여러 치료를 해오다 최근에 심장 진료를 통해 그런 결과를 받았다고 했다. 문제는 ASD를 너무 오래 방치한 탓에 심장이 커져서 2개의 판막이 늘어나 심한 역행을 나타내고 있었다. 보통 오른쪽 심장의 혈압이 왼쪽에 비해 3분의 1 정도인데 ASD를 너무 오래 방치하면 오른쪽 혈압이 더 높아져 왼쪽으로 역류해 수술하면 죽게 된다. 수술할 수 있는 상황도 아니었으나 초음파상으로 보면 아직도 피가 왼쪽에서 오른쪽으로 흐르고 있는 것 같았다. 겨우 손을 움직여 하는 일 외에는 거동도 하지 못하고 숨이 차서 밥도 먹지 못했다. 세 번 씹다가 한참 숨을 몰아쉰 다음 다시 먹곤 했다.

20여 년간의 임상 경험에서도 처음 볼 만큼 심각한 상황이었다. 수술 중 죽거나 깨어나도 잘못될 확률이 높았다. 동료들과 의논했지만 결국 나 혼자 결정할 일이었다.

나는 이 환자의 남편에게 상황을 자세히 설명했다.

"이대로 두면 보시다시피 얼마 사실 수 없기는 하지만 수술 중에 돌아가실 수도 있는데 어떻게 하시겠습니까?"

"잘 알고 있습니다. 수술해 주십시오."

"그럼 내일 수술하겠습니다."

그러나 호텔에 돌아와서도 마음이 복잡해 도통 잠을 이룰 수 없었다.

'이게 과연 가능한 일일까'

'내가 괜히 수술한다고 했나?'

'지금이라도 전화해서 수술을 취소할까?'

기도를 아무리 해도 하나님은 이 점에 대해 대답이 없으셨다.

'너는 20여 년을 훈련받은 의사인데 그걸 내게 물으면 너는 돌팔이 아닌가' 하시는 것 같았다.

기도할 때 침묵을 통해 말씀하시는 하나님을 나는 잘 알고 있다. 하나님이 침묵하실 때는 내가 얼마나 순수하고 진지하게 결정을 내리는지를 훈련하시고 하나님에 대한 나의 사랑을 시험하시는 때다. 하나님은 내가 신학교 원서를 낼 때까지 침묵하시다가 완전히 두 손 들고 항복하자 말씀하시기 시작했다.

나는 밤새 잠을 설치며 하나님과 씨름하다 다음 날 병원으로 향했다. 그런데 지난밤에는 없던 평안이 임했다. 이것이 하나님의 응답인 셈이었다. 수술하기 전에 나는 하나님께 늘 기도드린다.

"하늘과 땅의 권세를 내게 주십시오. 아무도 이 수술 과정을 방해하지 못하게 모든 영들을 주의 영에 복종케 하소서."

수술을 시작했다. 보통 승모판은 심장의 뒷면에 있어서 잘 보이지 않아 수술이 어려운데, 심장을 여는 순간 승모판, 삼첨판이 한눈에 들어왔다. 판막 2개를 수리(repair)하고 ASD를 막았다. 수술은 내가 생각했던 것보다 훨씬 짧은 시간에 깨끗하게 끝났다. 수술이 끝나자 주위에서 보고 있던 부원장이 "선생님 손은 금 손입니다" 하는데 그 칭찬이 그다지 싫지 않았다.

그런데 그 순간 문제가 생겼다. 예상치 않던 일이 터진 것이다. 우리는 수술을 할 때 초음파로 심장을 보면서 수술을 하는데 갑자기 좌심실로 다 빼내었다고 생각한 공기가 들어오기 시작했다. 이 공기를 그대로 두면 뇌로 가서 중풍을 일으킨다. 빨리 조치를 취해서 공기를 다 빼었다. 한참을 기다렸지만 공기는 더 이상 나오지 않았다. 그런데 심장 뒤쪽에서 과다한 피가 나오는 것 같아 손을 깊숙이 넣는 순간 가슴이 철렁 내려앉았다. 혈종(Hematoma)이 만져지는데 그 위치는 어떻게 손을 쓸 수 없는 곳이었다. 이곳에서 피가 계속 나오는 것이 사실이라면 '수술은 성공했지만 환자는 살지 못하는'(Surgery was successful but patient didn't make it) 경우가 될 것이다. 피를 멈추기 위해 1시간이나 씨름했지만 별 효험이 없었다.

나는 잠시 수술실을 나와 옆에 있는 빈 방에 들어가 기도하기 시작했다. 나는 온몸과 온 마음을 다해 죽음의 문턱에 선 이 환자를 위해 기도했다. 이렇게 강렬한 바람으로 기도한 적이 없을 만큼 기도했다.

다시 수술실로 돌아오니 출혈이 조금 나아졌다고 했다. 그러나 흉부를 닫을 만큼은 아니었다. 한참을 씨름했으나 차도가 없었다. 더 이상 손쓸 방법이 없어서 흉부를 닫고 중환자실로 옮겼더니 15분 사이로 300cc의 피를 흘렸다. 피골이 상접한 이 작은 체구의 환자가 이런 출혈을 감당할 수가 없을 것이다.

"수술실로 다시 가야지."

마취과 의사는 나를 보며 말했다. 나는 잠깐 기다리라 하고 밖으로 나왔다. 환자의 남편이 와 있었다.

"수술은 잘되었는데 피가 멎지 않아 조치를 취하고 있습니다."

남편에게 설명하고 한적한 곳으로 가서 계속 기도했다. 언제라도 누군가 급히 나를 찾기를 기대하며 기도하는데 10분, 20분이 지나도 아무런 연락이 없었다. 30분 가까이 기도한 뒤 다시 수술실로 가기로 마음먹고 병실로 돌아갔다.

그런데 나는 내 눈을 믿을 수가 없었다. 가슴에서 나온 피를 모으는 흉곽배액관병(Chest Tube Bottle)에는 단지 300cc의 피만 고여 있었다. 아까 쏟은 300cc 외에는 더 이상 피를 흘리지 않은 것이다. 대개 15분 만에 300cc를 흘렸다면 그다음엔 200cc, 100cc로 줄어들다 피가 멎는데, 이처럼 한순간에 멎는 경우는 처음 봤다.

"나는 네가 누구랑 데이트하고 왔는지 안다!"

온몸의 세포가 주를 부르짖는 기도를 하고 나면 기진맥진하게 되는데 그런 나를 보며 마취과 의사가 말했다. 우리는 하나님의 간섭하심에 감격했다.

호텔로 돌아가 땀으로 젖은 몸을 샤워하고 침대에 눕자, 저녁식사 하러 내려오라는 전갈이 왔다. 그러나 나는 조금도 배가 고프지 않았다. 예수님이 사마리아에서 제자들에게 '나의 음식은 따로 있다'고 하신 뜻을 알 수 있을 것 같았다. 이 환자를 살리신 하나님의 은혜가 감격스러울 뿐이었다. 하나님께서 만지신 흔적이 있을까 해서 나는 내 손을 한

참 들여다보았다.

환자는 급속도로 회복되어 갔다. 숨이 차서 밥을 씹지도 못하던 환자가 하루에 여섯 끼의 식사를 하기 시작했다.

1년 후 다시 갔을 때는 체중이 두 배로 늘어나 정상을 되찾은 모습이었다. 심장은 엑스레이로 보면 반으로 줄어들어 있었다. 이 환자를 볼 때면 하나님의 사랑과 생명을 주관하시는 능력에 대해 감격하지 않을 수 없다.

평양에 가서 수술하는 일은 때로 여간 힘든 게 아니다. 내가 수술해야 하는 환자는 대개 중증환자였고, 그러다 보니 많은 시간을 중환자실에서 보내야 했다. 물자는 부족하고 시설도 열악해서 환자를 제대로 치료하지 못하는 것이 늘 안타깝다. 한 예로 심장수술 후 흉부 엑스레이를 촬영할 수가 없다. 이동용 엑스레이 기계가 없어서 다른 빌딩으로 가야 하기 때문이다. 육체적으로 참 고단했다.

그러나 적십자병원 의사와 간호사들은 우리 팀에게 잘 대해 주었고, 또 그들 스스로 심장수술을 하기 시작하게 된 것은 매우 보람된 일이었다. 물자와 시설이 없을 뿐, 그들의 의학적 지식이나 열정은 상당한 수준이었다.

새로운 각오로

이렇게 평양을 다닌지 10년이 지난 어느 날 나는 평양에 갔다가 중국 심양을 경유해서 돌아오는 길에 그곳에서 사역하는 대학 후배 선교사 집에서 하룻밤을 지내게 되었다.

저녁식사가 끝나고 후배 선교사 부부와 마주 앉아 평양을 다니며 겪었던 이런저런 일들을 하소연했다. 그들은 말은 안 했지만, 나의 불평을 듣고 어처구니없었을 것이다. 다음 날 아침에 일어나 말씀을 펴는데 하나님께서 말씀하셨다.

"자, 그를 죽여 한 구덩이에 던지고 우리가 말하기를 악한 짐승이 그를 잡아먹었다 하자 그의 꿈이 어떻게 되는지를 우리가 볼 것이니라 하는지라 "(창 37:20).

형들이 요셉을 시기해 죽이려는 음모를 꾸미는 장면이었다.

야곱은 요셉을 들에서 일하는 형들에게 보내면서 자신이 지금 무슨 일을 하는지 몰랐다. 요셉 역시 아버지 심부름으로 형들에게 가면서 장차 무슨 일을 당할지 몰랐다. 요셉의 형들도 요셉을 애굽의 상인에게 팔면서 앞으로 자신들에게 어떤 일이 닥칠지 몰랐다. 보디발도, 바로도, 이 사건에 참여한 어느 누구도 이 일이 왜 일어나는지 알지 못한 채 각자 최선이라고 생각하는 대로 행동했다.

그러나 오로지 하나님 한 분만은 이스라엘 민족을 위한 확실한 계획을 가지고 이 모든 사건의 목적과 이유와 경과를 알고 계셨다. 이 사실을 깨닫는 순간, "네가 내 계획을 알아? 네가 내 마음을 알아? 너는 입 다물고 하던 일이나 계속해" 하시는 하나님의 음성이 들렸다.

내 마음에 불이 켜지는 순간, 나는 주님 앞에 회개했다. 그리고 새로운 마음가짐으로 평양에 가야겠다는 결심을 했다. 어제 저녁 불평하던 것들을 주워 담을 수만 있다면 그렇게 하고 싶었다.

하나님은 우리를 무조건적으로 사랑하시는데 우리는 늘 대가를 요구하는 사랑을 한다. 하나님의 무조건적인 은혜와 용서를 깨닫지도 받아들이지도 누리지도 못하는 것이다.

예전에 이스라엘을 방문했을 때 감격했던 것이 생각났다. '예수님은 햇볕이 강렬하게 내리쬐는 사막을 샌들 하나 신고 걸어서 이스라엘의 곳곳을 다니셨구나. 하나님의 아들이 이 먼 길을 걸어서 우리에게 오셨구나.' 그런데도 그 귀하신 분이 사람들에게 배신당하고 조롱당하고 배척당하셨다. 그런데 아무것도 아닌 나는 좋은 호텔에서 좋은 대접을 받고 있지 않은가!

그 아침 나는 엎드려 회개하며 지금 당장 알 수는 없지만 하나님께서 내가 하는 수고를 통해 내일 무엇인가 이루시리라는 확신으로 새 힘을 얻었다. 아침식사 후 미국으로 떠나오면서 나는 선교사 부부에게 지난

밤 내가 한 말에 대해 사과했다.

나는 지금도 평양을 가슴에 품고 기도하며, 1년에 두 번씩 가고 있다.

에필로그

지금 하고 있는 모든 일을 중단하고
먼저 하나님의 음성을 듣고 무릎을 꿇어야

나는 이 책을 쓰는 동안 성경이 하고자 한 얘기가 내 삶을 통해 증거된 것을 말하고 싶었다.

성경에 나타난 수많은 인물들이 태어날 때부터 훌륭해서 하나님이 사용하셨다면 우리는 소망이 없을지도 모른다. 성경은 결점투성이의 인물들을 통해 하나님의 위대한 일을 이루신 기록이라고 믿는다. 나는 넘어지고, 나태하고, 불성실하고, 깊이를 모를 죄성에서 벗어날 수 없지만 하나님은 사랑과 인내와 능력으로 나의 삶을 인도해 주셨다.

진정으로 거듭난 사람이라면 아침마다 성경책을 열어 하나님의 음성을 듣지 않고는 살 수 없는 사람이 되어야 하고, 하나님의 음성이 들렸다면 무릎 꿇고 기도하지 않고는 살 수 없는 사람이 되어야 한다. 하나님의 음성을 듣지 않고, 기도하지 않고, 승리하는 크리스천으로 살아갈 방법은 그 어디에도 없다. 교회에서 어떤 직분을 맡았든, 성경을 가르치는 교사든, 선교사로 헌신하든, 그 어느 것도 말씀과 기도를 대치할 만큼 중요하지 않다.

구원의 축복은 하나님께서 예수님을 통해 우리에게 선물로 주셨지만 예수 그리스도를 내 삶의 '주인'으로 모시는 것은 내가 해야 할 일이다. 그분이 우리 삶의 실질적인 주인이라는 구체적인 증거가 없다면 우리는 '가짜'다. 매일 우리 삶에 세례식이 일어나야 한다. 끊임없는 죄성을 매일 십자가 앞에 못 박고 부활하는 역사가 일어나야 한다.

말씀을 대하고 기도하는 행위 외에 주님이 내 삶의 실질적인 주인이라는 것을 증거할 또 다른 무엇이 있을까? 하나님은 그 어떤 일에 나를 부르시기 전에 말씀을 통해 나의 깊은 죄성을 보게 하시고, 회개를 통해 치유하시고 회복하셨다. 내가 그동안 해온 일은 이것의 결과에 지나지 않는다. 진정한 회개가 없는 곳에 참다운 하나님의 임재도 사역도 없다. 하나님은 죄가 죄인 줄 모르고 사는 나에게 찾아오셔서 영적 눈을 뜨게 하시고, 죄를 회개함으로 하늘의 평안을 주시고, 그러고는 사역으로 인도하셨다.

> "예수께서 그들에게 이르시되 내 아버지께서 이제까지 일하시니 나도 일한다 하시매"(요 5:17).

나의 삶은 이 말씀에 대한 증거다.

어느 날 같은 병명을 가진 환자 두 명을 같은 날 수술하게 됐다. 한 환자는 상태가 양호해서 수술 후 경과가 좋을 것으로 예상했고, 다른 환자는 심장 기능이 너무 나빠져서 과연 잘될까 걱정하며 수술했다.

그런데 예상과 달리 심장 기능이 나빠서 걱정한 환자는 무사히 회복되었는데 경과가 좋을 것으로 기대한 환자는 정말 안타깝게도 3일 만에 운명하고 말았다.

'무엇이 잘못되었을까?'

수많은 의사들이 모여 의논했지만 어느 누구도 그 이유를 설명하지 못했다.

오랫동안 이 질문이 내 마음을 떠나지 않았다. 그러던 어느 날 이 질문은 하나님이 내게 하시는 질문으로 바뀌었다.

"너는 무엇이 잘못되었을까?"

나는 오랫동안 큐티와 기도 생활을 해 왔고, 성경도 가르치고 해외 선교도 하고 있었다. 그러나 이 환자로 인해 시작된 질문으로 하나님의 세미한 음성에 다시 귀를 기울이기 시작했다.

"도대체 너는 내 앞에서 어떤 자세로 살고 있니?"

"진정으로 마음을 다해 기도한 것이 언제였니?"

"첫사랑은?"

"네 속을 들여다봐라. 쓰레기가 가득하지 않아?"

나는 회개했다. 여러 날 동안 회개하고 또 회개했다. 새벽 5시에 일어나 말씀을 묵상하고 부르짖어 기도하기 시작했다.

'나는 내가 회복의 대상인 줄도 모르고 살았구나!'

하나님은 기도의 열정을 회복하게 하시고 나의 삶과 나를 둘러싼 환경에 하나님이 어김없이 일하고 계시다는 증거를 보여 주셨다.

내가 새로운 눈으로 가정을 돌아보니 세 자녀의 영적 상태가 위기라는 생각이 들었다. 눈물로 세 자녀를 위한 기도를 하던 어느 날 하나님께서 "너는 너보다 내가 네 자녀들을 덜 사랑하는 것 같으냐?"라고 하셨다. 그리고 세 자녀를 특별한 방법으로 변화시키셨다.

자식이 잘못되기를 바라는 부모가 있을까? 딸은 직장 일로, 큰아들은 병원 일로, 작은아들은 건강의 일로 어려움을 겪기 시작했다. 한동안 우리는 매주 월요일에 금식하며 하나님께 전심으로 간구했다. 우리 아이들은 그 일들을 계기로 새로운 믿음의 길을 가게 되었다.

수십 년 인도해 온 병원 직원 수요 기도회에도 하나님이 역사하셨다.

어느 때인가부터 기도하면 특별히 마음에 부담을 주시는 것이 있었다. 병원 사역과 해외 선교 일로 페티트 목사님께 맡기고 떠난 대학교회에 대한 것이었다. 그러던 어느 날 페티트 목사님이 한 시간이나 떨어진 오칼라 병원까지 찾아오셨다.

"이제 적당한 목회자가 정해지면 나는 그만두고 싶으니 이제 돌아와 교회를 도와주면 좋겠어요."

이것이 기도 중에 마음에 부담을 주신 이유였음을 깨닫고 나는 대학교회로 돌아갔다. 밤하늘의 샛별과 같은 청년들을 만나 삶을 나누며, 제자훈련을 다시 시작했다. 하나님은 우리에게 실제적이고 구체적인 삶의 변화를 체험하게 하셨다.

"내가 너희에게 분부한 모든 것을 가르쳐 지키게 하라 볼지어다 내가 세상 끝날까지 너희와 항상 함께 있으리라 하시니라"(마 28:20).

우리를 고아같이 버려두지 아니하시고 주님은 약속을 신실하게 지키신다. 하나님께서 내 삶에서 그러했듯이 지금도 인류 역사 속에, 공동체 사역 위에, 그리고 내 개인의 삶 속에서 일하시는 것이 사실이라면 내가 무엇을 하려고 하기 전에 먼저 주님 앞에 무릎을 꿇고 그분의 음성을 들어야 하지 않을까.

"너의 꿈과 이상을 버려라."

내가 청년들에게 이렇게 말하는 이유다. 하나님 한 분이 나의 모든 것이 되면 주님의 꿈과 이상이 내 조건을 초월해서 역사하시는 것을 체험하게 된다.

사람들은 종종 내게 "앞으로 계획이 무엇입니까?"라고 묻는다. 그러면 나는 이렇게 대답한다.

"나는 계획이 없습니다. 하나님이 제 계획입니다."

하나님은 성경의 어떤 인물에게도 "내가 앞으로 이런 일을 하려고 하는데 네가 기획안을 짜 보고 지원자를 받아서 한번 해 봐라" 하신 적이 없으시다. 하나님은 하나님의 때에 하나님이 선택한 사람에게 찾아와 하나님의 일을 맡기신다. 그러니 내가 하나님을 위해 무엇을 하려고 하지 않아도 되는 것이다. 하나님의 절대적인 주권이 나를 다스릴 수 있게 내어 드리면 하나님은 나를 사용하신다.

어느 날 내가 4년 동안 이사로 섬기던 미주한인의료선교협회(KAMHC)에서 생각지도 않은 요청을 해 왔다.

"차기 회장을 맡아 주셔야겠습니다."

"나는 할 수도 없고 하지도 않을 것입니다."

"기도는 해 보실 수 있지 않습니까?"

"그럴 리가 없지만 하나님이 하라고 하시면 생각은 해 보겠습니다."

내게 이것을 부탁한 사람과 이 일을 두고 밤을 새워 얘기를 나눈 다음 날 아침 여느 때처럼 큐티책을 열고 하나님 앞에 앉았다.

"때가 아직 낮이매 나를 보내신 이의 일을 우리가 하여야 하리라 밤이 오리니 그때는 아무도 일할 수 없느니라"(요 9:4).

하나님의 일을 우리가 하여야 한다…!

"네 나이가 몇이냐? 조금 있으면 할 수가 없지 않겠느냐?"

"하나님, 나는 잘할 수 없는데요."

그리고 며칠이 지났다. 기드온을 찾아오신 하나님의 사자 이야기가 생각났다.

"하나님, 증거를 보여 주십시오."

그날 저녁에 증거가 도착했다.

하나님께서 나의 기대와 달리 이 일을 내게 맡기시려고 한다는 것을 알았지만 나는 여전히 잘할 수 있을 것 같지 않았다. 하나님이 보시기에 너무 쉬운 증거를 보여 달라고 했나? 그리고 며칠이 지난 후 나는 다시 질문했다.

"하나님 한 번만 더 말씀해 주세요."

"나는 선한 목자라 선한 목자는 양들을 위하여 목숨을 버리거니와"(요 10:11).

"나는 너를 위해 목숨을 버렸는데 너는 무엇을 희생할래?"

나는 하나님 앞에 항복하고 이 일을 맡기로 했다. 하나님은 다음 구절의 말씀으로 내가 앞으로 이 단체를 위해 무엇을 해야 하는지를 말씀하셨다.

"또 이 우리에 들지 아니한 다른 양들이 내게 있어 내가 인도하여야 할
터이니 그들도 내 음성을 듣고 한 무리가 되어 한 목자에게 있으리라"
(요 10:16).

KAMHC는 지금까지 이민 1세대를 중심으로 사역해 왔지만 이제 이 '양 우
리 밖에 있는' 차세대를 위해 일하실 것을 말씀하셨다.

부모를 따라 교회에 다니던 자녀들의 85%가 대학에 진학하면서 교회를 떠
난다는 통계가 있다. 어떻게 하면 교회를 떠난 양 우리 밖의 자녀들을 다시 주
님의 품으로 불러올 수 있을까? 내가 오랜 시간 동안 고민하고 기도해 오던
질문이었다.

하나님은 이 일을 KAMHC를 통해 하라고 하셨다. 이사회는 K(Korean)뿐
만 아니라 문을 넓혀 다른 문화권의 차세대를 포용하여 사역을 펼칠 것을 가
결해 주었다. K 울타리를 벗어난 AMHC는 미국 전역의 도시마다 지부를 설
립하고 각 대학 캠퍼스에 의료선교운동을 펼쳐 나갈 것이다.

나는 하나님께서 내게 이 일을 맡기셨다는 확신을 가지고 있다. 그러나 두
렵고 떨리는 마음으로 무릎 꿇고 기도하며 주님의 인도함을 따라갈 것이다.

지금까지 만났던 그리고 앞으로 만날 수많은 청년들을 가슴에 품고 아침마
다 이들의 이름을 부르며 하나님께 기도할 것이다.

"일어나라 빛을 발하라

이는 네 빛이 이르렀고

여호와의 영광이 네 위에 임하였음이니라"

(사 60:1).